Seadove

Seadove

革命心理學

The Psychology
of Revolution

革命中的群眾，為什麼會變得如此殘忍？

古斯塔夫·勒龐／著
Gustave Le Bon
王銘啟／譯

譯者序

　　古斯塔夫‧勒龐（Gustave Le Bon）是法國著名的社會心理學家、社會學家、群體心理學的創始人，以其對於群體心理的研究而享譽世界，素有「群體社會的馬基維利」之稱。1841年，他出生在法國的諾讓勒羅特魯（Nogent-le-Rotrou），1931年逝世於法國的馬爾納拉科凱特（Marnes-la-Coquette）。

　　勒龐曾經在巴黎學習醫學，並且於1866年獲得醫學博士學位。之後，他先後遊歷歐洲、北非、亞洲等地，寫下數本關於人類學和考古學的著作。他從1870年開始在巴黎行醫，1884年開始研究群體心理學，並且闡發強調民族特點與種族優越性的社會心理學理論。他的研究涉及人類學、自然科學、社會心理學三大領域。他最初研究的課題是為各個人種的身體特徵創制測量方法，後來他發展人種分類等級學說。到了晚年，他將興趣轉向社會心理學，以對群體心理特徵的研究而聞名於世。在他看來，「民族的精神」或「種族的靈魂」是整個社會生活的基礎。一個民族、一個種族、一種文明都具有民族的精神，即共同的感情、利益、思維方式。國家精神是從人們心中無形的民族精神的非理性途徑中產生的，並且支配一切社會制度的形式。歷史就是民族或種族性格的產物，民族或種族性格是社會進步的主要力量。他認為，歐洲社會日益增長的特徵是群眾的聚合物。個體的意識個性淹沒在群眾心理之中，群眾心理誘發出情緒，意識形態透過情緒感染得到傳播。一旦被廣泛傳播，

意識形態就滲透到群眾中個體的心理層次，使個體失去批判能力，進而影響他們的行為；群眾的行為是一致性、情緒性、非理智性的。勒龐認為他的這種觀點可以在現代群眾和群眾組織中得到證實。

勒龐自1894年開始，寫下一系列的社會心理學著作，魚龍混雜，蔚為大觀。其中包括《各個民族進化的心理學規律》（1894年）、《烏合之眾》（1895年）、《革命心理學》（1912年）、《戰爭心理學》（1916年）等著作，被翻譯成二十多種語言，至今仍然在國際學術界有廣泛影響。

勒龐對心理學和政治學的熟稔，使他的作品擁有一些獨特的視角，兼之法國式的隨興而發的敘述風格，經常給讀者帶來一些特異的體會。《革命心理學》是勒龐最重要的一部作品，精神分析學大師佛洛伊德曾經對其推崇備至，認為勒龐是當之無愧的世界級大師，是他把心理學帶到世界的最高端。

這是一部試圖刻畫法國大革命期間各色人群心路歷程的著作，其特殊的對政治的、社會的、行為的心理分析方法，對我們進一步瞭解法國大革命及其相關的政治和社會活動提供非常重要的幫助。書中對法國大革命時期的群眾革命心理做出非常細緻的分析，與馬克思主義對待群眾運動的歷史作用觀點相比，勒龐更強調群眾運動對個體意識的負面作用，例如：個體在參與群眾運動的時候，會變得盲目、順從、缺乏理性，否定集體意識。尤其引人注目的是，他描繪群眾革命激情的曲線。雖然該書的很多觀點是有爭議的，一些觀點在實驗心理學的研究下已經被證偽，但是該書揭示的許多重大問題，至今還是有巨大的現實意義，例如：關於衝突是怎樣被激化升級為群體的政治暴力。《革命心理學》

確實是一本社會心理學的經典著作，無論是作為文獻還是作為學術作品，它產生的影響和價值是如何估計都不為過的。

目錄

第二卷　革命中的主要心理形態

第一章　革命中個體人格的變化

第二章　神秘主義心理和雅各賓心理

第三章　革命心理和犯罪心理

第四章　革命大眾的心理

第六章 民主信仰的新形式

第一卷

革命的一般特徵

科學革命和政治革命

革命類型

　　說起「革命」一詞的時候，我們立刻會想到「政治變革」這個名詞。從語意上，我們可以這樣來解釋人們一般所說的「革命」：「革」和「命」兩個部分的因素，組成所謂的「革命」，按照它們的排列順序，先要有「改革」，然後在此基礎上，進行重新「任命」。事實上，「革命」一詞可以用來形容所有因為質的改變而突然發生的變化，這種變化既包含表面上的改變，也包含那些內在的質的劇變，例如：某種信仰的驟然消失，某種思想觀念的突然飛躍，某個科學理論的巨大突破。

　　意見和信仰是定位人類行為具有決定作用的因素，在意見和信仰的起源中，理性、感性、情感、神秘主義等諸多因素會產生難以想像的作用和效果。就像政權的更迭不是革命的唯一結果，一場革命往往會演變成一種信仰的變革，然而驅動革命發生的動機經常是理性的：這個動機或許是試圖反抗苛刻的暴政，改變現狀；或許是對可惡的專制政府的反抗，表達自己的憤怒和不滿；或許是想要反抗某個眾叛親離的君主，推翻君主專制的統治，這些理由不勝枚舉。

　　革命爆發的原因極有可能是純理性的，我們甚至可以從大多數革命的起源中發現一定的規律性，但是我們必須謹記，除非把理性的認識轉化成感性的行動，否則革命醞釀過程中這些理性的因素不會對大眾產生顯著的影響。

　　理性邏輯或許可以製造出足夠多的理論依據，並且用這些依據來揭

示暴政必然被推翻的道理，但是如果試圖用它控制和影響大眾來對抗暴政，恐怕很難達到你期待的效果。原因在於：一般大眾的文化水準、政治理解等很多方面的素質都極其有限，革命領袖們的政治理念不可能被他們完全接受和認同。想要影響大眾群體，就要激起民眾的認同感，並且用具有煽動性的神秘主義因素來影響人們的行為。例如：在法國大革命中，哲學家們用系統嚴謹的理性邏輯來抨擊那些舊制度的弊端，並且試圖以此激發人們改革的願望；某些社團利用神秘主義邏輯，快速地壯大他們的隊伍，塑造人們的信仰；情感邏輯將人們多個世代以來禁錮的熱情釋放出來。所以，這兩種邏輯相遇的時候，極端的放縱就產生了。這種集體邏輯控制俱樂部和議會等組織和機構，並且促使它們的成員採取行動，最終產生其他任何一種邏輯都不會造成的暴行。

糾結於革命產生的原因，毫無意義可言，因為除非革命已經深入人心，佔據大眾的思維，否則它的結果不可能卓有成效。由於大眾的獨特心理，歷史事件形成特殊的形式，而相應的，大眾運動也由此具備共性特徵。所以，我們只要描述和分析具體的一次革命運動，就可以對其他的運動有一定的理解。

需要說明的是，大眾不是一場革命的出發點，事實上，他們只是革命的一種工具。他們是一種缺乏組織性的存在，假如沒有人刻意地控制或領導他們，他們就是徒勞的、無意義的存在。如果受到某種正確性的刺激，他們很快就會回應這些刺激，甚至突破、超越原本的局限性——大眾不能自己創造刺激。

歷史學家或許會因為突發的政治革命而驚喜和震撼，但這樣的革命通常是微不足道的。只有行為方式和思想領域的革命，才是真正偉大的

革命。所以，單純地變換政府名稱，恐怕不足以改變一個民族的精神狀態，推翻一個不合理的制度也不會重塑這個民族的靈魂。

那些可以改變民族命運的革命，才可以稱為真正的革命。但是這樣的革命往往進行得十分緩慢，以至於歷史學家無法確切指出這種「循序漸進」的革命狀態始於何時。所以，與其將之稱為「革命」，不如將其命名為「進化」，或許更貼切、準確。

因此，我們試圖進一步研究大多數革命的起源，並且對它們進行分類的時候，我們就會發現，上文列舉的許多要素明顯有些顧此失彼。如果只針對革命對象這個因素來說，我們可以將它們分為科學革命、政治革命、宗教革命三大類。

科學革命

　　這樣說會出乎很多人的意料，在這三種革命對象中，最重要的其實是科學革命。儘管人們很少去注意和重視科學革命，但是它產生的重大而深遠的影響，是政治革命不能企及的。所以，儘管我們在這裡無法深入地對它進行研究，但是我們確實應該把它放在優先考慮的位置。

　　我們之所以把這樣的革命稱為「進化」，是因為它們進展得十分緩慢。但是仍然有一些其他形式的科學革命不在此列，這類革命可以產生相同的效果，但是它們發展的速度非常快，所以我們可以把它們稱之為「革命」。

　　達爾文的理論就是一個著名的例子，在幾年的時間裡，進化論就使整個生物界為之顛覆；又例如巴斯德[1]的科學成果，這些成果在他有生之年就帶給醫學界革命性的變革；不得不提的還有物質裂變理論（the theory of the dissociation of matter），人們在此之前，一直認為原子是永恆的，但是這個理論向人們顯示：即使是永恆的原子，也同樣遵循宇宙萬物衰變和消亡的法則。

　　這些科學革命發生在觀念領域，都是純粹知識性的革命，一般來

---

1. 路易・巴斯德（1822—1895），法國微生物學家、化學家。他研究微生物的類型、習性、營養、繁殖、作用，奠定工業微生物學和醫學微生物學的基礎，並且開創微生物生理學。——譯者注

說，這無關人們的情感和信仰，也無法對它們產生影響。因為這些革命的獨立性和權威性，人類必須無條件地服從，並且遵守它們。

政治革命、宗教革命

在以下的內容裡，讓我們來談談宗教革命和政治革命，這兩類革命從對人類發展和文明進步方面的貢獻，以及對人類長遠意義上的作用來看，與科學革命相去甚遠，而且其起源也不同於科學革命。科學革命的唯一起源是理性因素，但是理性對政治信仰和宗教信仰的影響幾乎可以忽略不計，它們幾乎只受到神秘主義因素的影響和支配。

如果說理性是科學革命的起源，非理性因素就是控制政治革命和宗教革命的關鍵，無論政治信仰或宗教信仰的外在表現如何，它們都構成一種細微精妙的無意識信仰行為，理性對這兩種信仰沒有任何影響力。不僅如此，信仰的強烈程度使它不會受到任何事物的阻擋。人們如果受到信仰的催眠或蠱惑，就會發自內心地變成一個虔誠的信徒，隨時做好為信仰犧牲自己利益、幸福、生命的準備。至於他信仰的東西是否荒謬，已經變得無足輕重，因為對信徒們來說，信仰是不容置疑的存在，是擺在眼前的事實，信徒們對它極盡狂熱，並且頂禮膜拜。正是由於人們堅定不移地認同信仰的神秘主義起源，才使它獲得某種不可思議的力量，這種力量可以徹底地控制人們的思想，可能需要非常漫長的時間，才可以使這種力量逐漸消退。

正是因為人們把信仰視為絕對真理，才使信仰變得不夠寬容。這個不寬容的特性，通常就是暴力、仇恨、迫害等諸多因素的導火線，這些因素往往又是重大政治或宗教革命的伴生物或衍生品，其中最典型的就

是宗教改革和法國大革命。

強烈的情感和神秘主義因素經常與信仰相伴相生，如果我們忽視這一點，就無法透徹理解法國歷史上的某些特別的階段。人們在交往的過程中，缺乏寬容，無法調和，有時候甚至彼此敵對或仇視，究其根由，就是神秘主義的信仰對情感發揮作用而外顯出來的力量。

我們如果忽視信仰的情感和神秘主義的起源，忽視信仰必然存在的不寬容性，忽視人們在交往過程中不可調和的衝突，忽視具有神秘主義色彩的信仰對人類的情感產生的強大支配力量，我們無法透徹理解大革命的某些歷史階段也就不足為奇了。

相信一些歷史學家會覺得上述這些概念過於新奇，很難改變他們固有的思想觀念，他們仍然會繼續嘗試透過理性邏輯，闡釋那些明顯與理性不相關的各種現象。

宗教改革覆蓋長達半個世紀的法國歷史，只從這一點，我們就可以看出，宗教改革不是由理性來決定的。但是，直至新近的著作中，我們可以看到學者們依然運用理性邏輯，對其加以詮釋。例如：在《通史，自四世紀迄今》這部由拉維斯先生和蘭博先生合作的著述中，我們就可以讀到一段關於宗教改革的解釋：

這是一場自發式的遍及全國民眾的革命運動，從閱讀福音書到個人的自由思考，人們以各式各樣的形式來參與和推動這場運動，所有這一切都表示：個人可以擁有虔敬的道德心、大膽的懷疑精神、縝密的推理能力。

這些歷史學家的論斷是不是不可撼動的？其實，他們的論點很容易

就可以推翻：首先，這類運動不可能由人們自動發起；其次，理性在其中的作用微乎其微。

　　情感和神秘主義因素正是政治信仰和宗教信仰可以取得成功並且撼動世界的關鍵，理性因素無法塑造它們，更不可能引導和控制它們。

　　政治信仰和宗教信仰擁有共同的起源，並且遵循相同的法則——非理性的力量是它們得以發生和形成的重要依靠。佛教、伊斯蘭教、宗教改革，或是雅各賓主義、社會主義，這些看似截然不同的思想形式，其實具備共同的情感和神秘主義基礎，並且遵循相同的無關理性的邏輯方式。

　　深植於人們頭腦中的信仰可能是引發政治革命的原因，但是還有更多的原因導致革命的發生，這些原因最終可以用「不滿」一詞來表達。如果「不滿」開始普遍化，民眾的憤怒情緒不斷攀升，就會形成一個反對派，並且迅速發展和強大，甚至可以與當時的政府互相抗衡。

　　如果「不滿」的強大作用要得以發揮，就要有長期的醞釀和累積的過程，正是由於這樣的原因，一場革命經常外顯為許多不間斷的現象。其間，它的演化呈現出加速的態勢，而不是在某一階段結束，在另一階段再繼續。然而，我們看到幾乎所有當代的革命都是在一時之間突然爆發的運動，它們在瞬間就推翻當時的政府，例如：巴西、土耳其、葡萄牙、中國的革命，都是這樣的情形。

　　出乎很多人意料的是，那些異常保守的民族，對激烈的革命往往情有獨鍾。追根溯源，我們發現正是「保守」這個特性決定這個事實。正是因為保守，他們無法接受緩慢的進化過程，無法適應外部環境的逐漸變化，如果發生衝突而且衝突加深的時候，他們往往傾向於猝變，這種

驟然的進化最終就會演變成一場革命。

　　事實上，就算是那些適應漸進式的、緩慢演化的民族，也無法完全避免革命的發生。例如：在英國，上層統治者致力於維護個人的絕對權力和無上權威，下層民眾試圖透過代表這個媒介，實現個人在政治上的自主和解放。這場鬥爭持續將近一個世紀，直至1688年，最終以資產階級革命的形式做出了結。

　　一個有趣的事實是：幾乎所有的大革命的導火線，都是由上層人士引燃的。然而，下層民眾如果擺脫政治和精神上的束縛和枷鎖，革命的威力就會完全屬於民眾。

　　軍隊在一場革命中是必不可少的。顯而易見，如果無法得到軍隊中非常重要的那些人的支持和擁護，革命在過去和將來都不可能發生。正如王權在法國的失去不是始於路易十六被送上斷頭台之時，事實上，早在國王的軍隊不再向他臣服，並且拒絕保護他的那一刻起，王權就已經不復存在了。

　　正是精神傳播的方式使軍隊逐漸產生叛逆之心，並且對現有秩序的存亡更淡漠。所以，雖然希臘和土耳其這兩個國家的政治制度沒有相似的地方，但是隨著土耳其少數軍官聯合起來共同推翻土耳其政府的時候，希臘的軍官也受到其感染，密謀效仿土耳其，改組希臘政權。

　　軍事武裝行動或許確實可以推翻政府，擺脫舊有秩序的壓迫。例如：那些發生在前西班牙殖民地的拉丁美洲各個共和國國家政府的覆滅，幾乎都是軍事政變造成的。但是如果這個革命想要取得某種重大的成就，並且獲得長久的勝利果實，就要依賴於民眾對舊政府的普遍不滿情緒和對建立新秩序的普遍願望。

進一步說，只是小範圍的不滿，不足以引發一場革命，除非民眾擁有普遍而強烈的不滿情緒，對新的政治生活已經迫不及待，才可以促使革命的發生。糾結一幫人劫掠、破壞、屠殺並非難事，但是要動員整個民族或是一個民族中的大多數人進行革命並且取得最終的勝利，必須要求革命領導人具有頑強的勇氣、克服困難的決心，以及不屈不撓的精神。而且在過程中，他們會誇大這種不滿情緒，向憤怒的民眾灌輸仇恨思想，向民眾宣講當前的政府正是所有苦難和罪惡，尤其是長期貧困的唯一根源。同時，也要讓民眾確信一點：革命追求的新制度，將會造就幸福的時代，民眾可以最大限度地享受到在舊制度之下無法享受的權利。這些思想透過暗示和傳染這兩種途徑得以萌發、展開、傳播，等到時機成熟，革命就水到渠成了。

透過上述方式完成的革命，包括基督教革命和法國大革命，只是後者在幾年的時間裡就完成前期工作，前者卻費盡周折，經過很長的醞釀時間。之所以會有這樣的不同，原因在於：法國大革命在很短的時間裡，就擁有一支可以支配的軍隊，擁有屬於自己的武裝力量。基督教經過很長的時間才得到物質權力。基督教最初的信徒都是下等人、窮人、奴隸，這個群體雖然滿懷熱情，希望今生的悲慘遭遇可以換得來世的幸福生活，但是他們的思想非常模糊，不知道怎樣才可以改善目前的生活狀態。歷史已經不止一次地向世人證明，教義正是透過自下而上的傳播途徑，最終擴散到一個國家的上層。然而，一些下層民眾的意志和利益必然會涵蓋在新的教義中，這些意志和利益甚至可能與上層階級的背道而馳，因此君主和執政者就要仔細斟酌和考慮。所以，在君主認為新的宗教信徒如此之多足以堪當國教之前，必然要經歷一段漫長的時間。

政治革命的結局

在取得勝利以後，一個政黨在建立新秩序的時候，會很自然地按照自己集團的意志和利益來重組社會。至於這個團體會塑造出一個什麼樣的社會，就取決於革命是受到士兵、激進主義者，還是保守主義者的影響。獲勝的黨派正是因為得到其背後的社會階級力量的支持才得以成功，所以這些階級的利益，例如教士的利益，理所當然地會被優先考量，並且對新的法律和制度產生決定性作用。

如果一場革命如同法國大革命一般，是純粹透過暴力鬥爭而取得勝利，舊的法律和制度將會被勝利者徹底推翻，那些已經垮台的舊制度的支持者將會受到迫害和流放，甚至被消滅。

除了保護己方的物質利益之外，獲勝的黨派還要捍衛自己的信仰。所以，他們在進行迫害的時候，就會將暴力發揮到極致，對敵對勢力沒有絲毫憐憫和同情。這也是西班牙驅逐摩爾人、宗教裁判所以火刑來對付異教徒、國民公會推行嚴刑酷法、法國實施禁止宗教集會政策的重要原因。

有時候，勝利者會因為擁有絕對的權力而實行一些現在看來極為荒謬的措施，例如：國民公會曾經頒布法令，用紙幣替代金幣，嚴格對商品實行限價。沒過多久，它就在生活必需品的限價措施上遇到阻力，人們對它進行責難，法令也無法得到有效實施，在大革命即將結束的時候，它幾乎已經到了被世人唾棄的程度。在這之前，同樣的事情也曾經

發生：一個幾乎完全由工人組成的澳洲社會黨內閣，頒布極為荒謬的法律，所有的條款幾乎都是為了給予工會特權，可想而知，這項法律引起其他群體的強烈不滿，遭到公共輿論的一致譴責，結果掌權不到三個月，這個內閣就被推翻了。

然而，以上提到的情況都屬於特例，大多數的革命都會以一個執掌大權的新領袖的確立而結束。這個新領袖深知，想要長久地享受革命的成果，維持自己的絕對統治力，首先考慮的不應該只是某個階級的利益，而是應該兼顧各方，維持平衡。出於這種目的，他必須斡旋於各種勢力之間，調和折衷，如此一來，就不會受到來自任何一個階級的威脅。假如使某個階級的勢力異常強大，就是在削弱領袖自己的權威，但是當權者臥榻之側又豈容他人酣睡？這是政治心理學最無可置疑的一個定律。歷代法國的國王都深諳此道，他們為了維護自己的地位，鞏固自己的王權，必須勵精圖治，很多時候不得不讓步於下層人士，他們不僅要抵制貴族的權力侵蝕，還要削弱教士的勢力。唯有如此，他們才可以避免德意志皇帝在中世紀經歷的不幸命運的重演，就像亨利四世，不僅被教宗革出教門，聲名狼藉，最終迫不得已，還要前往卡諾莎覲見教宗，恭敬地乞求得到他的寬恕。

在歷史過程中，這樣的法則已經得到無數次的印證。例如：在羅馬帝國末期，軍事集團曾經一手遮天，並且顯赫一時。在這種政治環境中，皇帝必須完全依靠他的兵士，因為軍事集團的意願可以決定他的存亡廢立。

這樣看來，對法國而言，長期以來由一個幾乎擁有絕對權威的君主來統治，或許是一種巨大的優勢。因為，君主會因此而宣揚君權神授的

思想，並且以此來獲得至高無上的威望和權力。這樣的權威，使得他擁有箝制封建貴族和教士甚至議會的實力。如果16世紀末期的波蘭也擁有一個類似的既具有絕對權力又受人愛戴的君主，它就不致日漸衰微，最終消失在歐洲的地圖上。

我們在這一章中，已經闡述政治革命有可能伴隨的重大社會變革。在接下來的內容中，就讓我們來看看，它們與宗教革命帶來的變革相比是多麼重要。

| 第二章 |

宗教革命

宗教革命和政治革命

　　本書的主旨之一，就是對法國大革命進行深入探討。這場革命一直充斥著暴力，也就存在相關的重要心理原因。

　　以法國大革命來說，假設我們將其看作一種新的宗教，它遵循的必然是對所有宗教都適用的傳播法則。從這一點來看，應該是群情激憤在先，緊隨其後的就是血腥暴力，因此也就不難理解其中的因果關係。

　　在研究宗教革命的過程中，我們發現其與法國大革命的一些共性——一些在法國大革命中極其活躍的心理因素，同樣在這裡產生重要作用。例如：在這兩起革命中，我們可以看到——理性在信仰傳播過程中的價值是微不足道的；雖然迫害沒有任何正向作用，但是從來沒有停止過；在相互對立的兩種信仰之間，必然存在某些因素是相互抵觸的，所以試圖在兩者之間尋求和解，幾乎是不可能的事情；可怕的暴力和殊死的鬥爭會因為不同信念之間的衝突而引發。同時，我們也可以看到，那些所謂的信仰通常只是為謀求私利而打出的幌子這樣的結論，那就是：如果在革命的同時不改變人們的生活狀態、意識和利益，就無法改變他們的信念。

　　透過對上述現象的解析，我們就會瞭解到，大革命福音的傳播方式與其他宗教福音，尤其是喀爾文教福音的傳播方式並無差別的原因，因為它根本無法尋找到除此之外的傳播方式。

　　但是，儘管起源相同，政治革命和宗教革命在長遠的後果上卻截然

不同，這就可以解釋它們的持久力為什麼會存在區別。在宗教革命的過程中，虔誠的信徒被宗教思想禁錮，他們不會有絲毫的掙扎，也不會覺得自己受到欺騙，因為在他們看來，只有進入天堂，才可以得到最終的驗證。但是政治革命不同，在政治革命中，一些虛假的信念很容易被揭穿，如果民眾發現自己被蒙蔽和受到利用，他們就會將其拋棄。

這就是為什麼，在督政府（Directoire exécutif）統治末期，雅各賓主義信仰的實施致使法國陷入瀕於毀滅、貧困、絕望邊緣的時候，最狂熱的雅各賓主義信仰者也要被迫放棄他們的那套信仰。

16世紀宗教改革的開始和它最初的信徒

　　人類的情感和道德在很大程度上受到宗教改革深遠的影響，可是宗教改革的初衷只是為了反對教士的惡習。實際上，宗教改革只是回歸和皈依福音書，至於那些自由的思想，它從未奢求過，喀爾文[1]或許還沒有羅伯斯比寬容。事實上，進行宗教改革的那些國家，不會比先前有太多的變化，民眾仍然沒有實際權力，只是羅馬教宗被君主代替而已。至於君主，擁有和掌控的權力也不比以前少。

　　在法國，基於人們思想的逐漸開放和造紙術的廣泛應用，借助宣傳和交流的方式，新的信仰慢慢地得以傳播。大約在1520年，路德[2]招募一批專家，而且直到1535年，新的信仰才逐漸傳播，並且受到廣泛的歡迎，這是因為：新的信仰對下層民眾的權利和利益給予充分的關注，也正是因為如此，人們才認識到有必要皈依這種信仰。

　　第一批宗教改革的信徒包括牧師和地方官員，但是佔最大比例的信仰群體，還是對這些信條一知半解的手工業工人。實際上，這些工人接

1.　約翰・喀爾文（John Calvin，1509—1564），法國著名的宗教改革家、神學家、基督教新教的重要派別喀爾文教派（在法國被稱為胡格諾派）創始人，人稱「日內瓦的教宗」。——譯者注

2.　馬丁・路德（Martin Luther，1483—1546），德國宗教改革家、新教神學家、新教路德教派的創始人。由路德發起的宗教改革，推動廣大民眾的反封建鬥爭，沉重打擊天主教會和封建勢力，結束天主教內部的統一，結束羅馬教廷至高無上的統治，使新教、天主教、東正教成為廣義基督教中的三大教派。——譯者注

受新事物的能力有限，因此他們改信新教都是受到群眾傳染和暗示的結果。

　　新的信條如果得到傳播以後，各色各樣的人物就會迅速聚攏在這個信條周圍，他們不在意新教教條到底是什麼，但是他們卻從中找到滿足自己熱情或願望的藉口或機會，因為對舊教有諸多不滿，在一定程度上，為新教的傳播提供便利條件，使新教在與舊教的對抗中，具備一定的優勢。在實行宗教改革的各個國家中，這種現象俯拾皆是，最典型的就是德國和英國。例如：德國的封建領主正是充分利用路德在新教教義中宣稱的教士沒有必要擁有財產這個信條而大發其財，因為這樣使他們可以光明正大地掠奪教會的財產。以相同手段而致富的還有亨利八世，那些經常被教宗掣肘的君主對政教分離的教義感到歡喜不已。統治者因為諸如此類的教義，使得自己的權力更集中，因此我們看到，宗教改革沒有削弱統治者的絕對專制主義（absolutism of rulers）及其產生的影響，反而對它產生增強的作用。

宗教改革教義的理性價值

包括法蘭西在內的整個歐洲，都在進行宗教改革。在接下來的50年中，法蘭西成為一個不折不扣的戰場。從理性的角度來看，它產生的影響，是其他任何一項事業都無法相比的。

從歷史上看，我們可以找到無數的事實證明信仰傳播與所有理性相互獨立的關係。也許真的就像喀爾文說的那樣：雖然神學教義可以喚醒人們高漲的熱情，但是它們在理性邏輯的面前沒有說服力。

路德因為受到「救贖理論」的影響，對惡魔產生一種非理性的恐懼，這種恐懼已經深刻影響到他的思想和理論。他深知懺悔無法幫助自己解除這種恐懼，只有透過萬無一失的手段向上帝示好，才可以逃過煉獄之災。從對教宗出售「贖罪券」（indulgences）①進行抨擊開始，路德不僅否定教會的權威，而且也否定自己的權威。路德對宗教儀式、懺悔、聖徒的禮拜進行譴責，開始宣揚基督徒「唯信稱義」②，也就是只有得到上帝的恩惠才可以得救。

路德對於這個被稱為預定論（predestination）的最後一條教義，其

---

1. 贖罪券，也稱為「赦罪符」。1313年，天主教會開始在歐洲發行此券，教宗宣稱教徒購買這種券以後可以赦免「罪罰」，這實際上是一種斂財的行為。1517年，路德在威登堡城堡大教堂的大門上張貼批判教會的《九十五條論綱》（關於贖罪券的意義及效果的見解），抨擊教宗和教會藉由出售贖罪券橫徵暴斂的詐欺和腐敗行為，直接對教會和教宗的權威性提出質疑，從此拉開宗教改革的序幕。——譯者注

實沒有深刻瞭解，但是喀爾文卻對它進行清晰地表述。喀爾文認為，在上帝的面前，多數新教教徒都是無足輕重的，因此他奠定這樣的教義：「一些人將受火刑而死，另一些人將會得救。在無所不能的、永恆的上帝那裡，這是已經註定的」。是什麼導致如此之大的差別？原因只有一個，那就是：上帝的意志。

從以上的表述可知，喀爾文只是在聖‧奧古斯丁[3]某些見解的基礎上進行延伸。因為無所不能的上帝創造人類，所以祂做任何事情，例如：讓某些人在來生飽受煉獄之苦，至於他們的善行和美德，全然不在考慮範圍之內，顯而易見，這樣的理論是極其不公平的。但是令人不可思議的是，在這麼長的時間裡，這種理論卻被人們推崇，無數的人為其折服，並且虔誠遵守教義。更令人匪夷所思的是，這種情況在今天絲毫沒有減少的跡象，甚至有過之而無不及。

我們不難看出喀爾文與羅伯斯比在心理上的親緣性，與後者相同，喀爾文以為自己掌握絕對真理，毫無憐憫地處死那些拒絕接受他新創教條的人。喀爾文甚至還以上帝的名義宣稱：「為了捍衛上帝的榮光，可以不惜毀滅所有人。」從喀爾文及其信徒的例子中，我們可以看到，在那些受到信仰蠱惑、迷失於其中的人看來，即使再荒謬不過的事情，也

---

2. 唯信稱義是指：只要有信仰，就可以成為義人。馬丁‧路德將《聖經》翻譯成德文的時候，把原文中的「因信稱義」（Justification by faith）按照其對《聖經》的理解，譯為「唯信稱義」（Justification by faith alone）。——譯者注

3. 聖‧奧古斯丁（354—430），古羅馬帝國時期基督教思想家，歐洲中世紀基督教神學、教父哲學的重要代表人物。在羅馬天主教系統，他被封為聖人和聖師，並且是奧斯定會的發起人。——譯者注

是非常正常的，這些人已經完全失去理性。試圖按照理性邏輯將道德建立在預定論基礎上是不現實的，因為無論人們怎樣地努力，都無法逃脫命運的安排。他們要麼得到上帝的救贖，要麼接受審判，甚至被宣判死刑。但是，喀爾文卻輕易地以這個完全非理性的論點為基礎，創立一種嚴苛而殘酷的道德標準。被他蠱惑的信徒們自詡為上帝的選民，他們擁有無上的自豪感和尊嚴感，隨時覺得必須以自己的行為作為準則和楷模。

宗教改革與新信仰的傳播

新信仰的傳播依靠的不是演說和論證，而是前文描述的機制——斷言、重複、精神傳染、壯大聲勢。在之後的時間裡，革命思想也效仿這個途徑，在法國進行傳播。

就像我們已經指出的那樣，對信徒的迫害反而促進新信仰的傳播。就像我們在基督教早年的經歷中看到的，新信仰對人們的影響力在每次迫害之後都會增加，更多的人選擇和接受新的信仰。市政議員安・伯格被判以火刑，但是甚至在走向火刑柱之時，他還是依然堅定地規勸周圍的群眾改信新教，一位目擊者曾經這樣說：「與喀爾文的著作相比，大學生更會因為安・伯格堅定不移的信念而皈依新教。」

為了阻止新信徒們向人們布道，統治者在燒死他們之前，割掉他們的舌頭。為了威懾世人，刑罰變得非常嚴酷，行刑的時候，在他們的身上綁上鐵鍊，如此一來，行刑的人在把他們投入烈火中之後，還可以再把他們拖出來繼續施虐。

但是，這樣依然無法讓虔誠的新教徒退縮，他們甚至對此心甘情願，對他們來說，烈火的考驗是一種解脫，是一種至上的光榮。

法蘭索瓦一世①在1535年放棄原有的寬容態度，下令同時在巴黎設立六個用來懲罰新教徒的火刑場（國民公會只在巴黎設立一個斷頭台，而且受難者遭受的刑罰也沒有那麼殘酷）。但是人們已經目睹殉教基督徒視死如歸的精神，在信仰的催眠和蠱惑下，其他盲目追隨的信徒也變得

徹底無所畏懼。

　　就這樣，新教迅速地傳播，法國在1560年的時候，已經擁有的新教教堂達2,000多座，許多大領主在見證新教的巨大影響之後，也逐漸改信新教。

---

1. 法蘭索瓦一世（1494─1547），法國國王，在義大利戰爭中敗給如日中天的神聖羅馬帝國皇帝查理五世，並且被俘虜。後來，他背叛諾言，和異教徒結盟，最終勉強保住本土。──譯者注

不同宗教信仰之間的尖銳衝突

就像我在前文中提到的，不寬容必然是強勢宗教信仰的伴生物。關於這一點，我們可以從政治革命和宗教革命中，為這個事實找到大量證據。另一個值得注意的現象是：比起類似基督教和伊斯蘭教那些互不熟悉的宗教之間的不寬容，同一個宗教內部不同教派之間的不寬容是有過之而無不及的。事實上，只要觀察那些長期以來把法國弄得分崩離析的教派，就會發現：除了一些細節上的差別，它們在根本上的宗教理念基本是一致的。天主教和新教尊崇和信仰同一個上帝，信仰方式的不同是唯一的區別。如果他們的理性還可以發揮作用，他們很快就可以明白，對上帝而言，以什麼方式來崇拜祂都是無足輕重的。

然而，理智對那些狂熱的大腦無法產生任何影響，於是持久而激烈的衝突在新教徒與天主教徒之間不斷上演，歷代君主採取不同的方法試圖使兩者和解，但是他們的努力都以失敗告終。凱薩琳·德·麥地奇看到，雖然新教一再遭到鎮壓和迫害，但是它的增長態勢卻依舊迅速，甚至部分貴族和地方官員也加入新教。為了進一步促成雙方的和解，1561年，王后召集主教和牧師針對兩種教義的融合問題，在普瓦西舉行宗教會議。王后是十分精明的，但是這個計畫只能說明她對信仰的邏輯法則一竅不通，我們從未聽過人類歷史上哪種信仰是因為辯駁而毀滅或是削弱的。王后更不會想到，個人之間的相互寬容雖然比較困難，但是終究有可能實現，集體之間的寬容根本不可能存在。最終，她的努力以失敗

而結束，神學家們在會議上各執一詞，相互侮辱，沒有一個人願意稍微讓步。所以，這次會議不僅沒有達到預期的效果，反而使兩者的關係變得更惡劣。此後，凱薩琳又在1562年頒布一項敕令，規定授予新教徒以自己的方式公開集會、舉行禮拜儀式的權利。

這種寬容從某種哲學的角度來看是崇高的，但是站在政治角度來看卻是極不明智的——它只會使雙方的衝突進一步激化。結果，在新教勢力最強大的法國米迪地區，天主教徒遭到殘酷的迫害，他們被迫在暴力下改變自己的信仰，如果膽敢反抗，新教徒就會割斷他們的喉嚨、洗劫他們的教堂。同樣，在天主教的勢力範圍內，新教徒也遭到同樣的迫害。

緊接著，這樣的對抗又引起內戰，也就是一般所說的宗教戰爭。法國在很長一段時間裡飽受戰亂之苦，城市被劫掠一空，民眾朝不保夕。在戰爭的過程中，那種宗教衝突和政治衝突特有的殘酷令人觸目驚心，在多年以後的旺代戰爭①中，這個場景得以重現。

在內戰中，老人、婦女、兒童遭到殘忍的殺戮。多佩德男爵就是一個殘忍的殺戮者，他是第一任艾克斯市議會的議長，在不到10天的時間裡，他慘無人道地屠殺3,000人，洗劫3座城池和22個村莊。一個名叫蒙呂克的人可以稱為是卡里埃的先驅，喀爾文教徒全部被他投入井中，直到把井填滿為止。新教徒也不見得有多麼仁慈，甚至天主教的教堂也無法逃脫他們的毒手，他們還大肆毀壞天主教的墳墓和塑像。

---

1. 旺代戰爭，法國革命戰爭期間，法國中央革命政府與西部王黨叛亂勢力於1793—1796年進行的戰爭，因為叛亂中心在旺代省，故名。——譯者注

法國的問題埋藏已久，早在亨利三世統治時期，法國就因為教派紛爭等諸多錯綜複雜的衝突而分崩離析，不再是一個真正意義上的國家，而是被肢解成許多各自為政的小市政共和國。在這個時候，王室已經沒有權威了。旅遊家利波馬諾在1577年遊歷法國的時候，對法國的景象大為感歎：包括奧爾良、都爾、布盧瓦、普瓦捷在內的一些重要城市已經破敗不堪，那些各式各樣的教堂變成一片廢墟，墓地只剩下斷垣殘壁。這種場景不禁讓人想起督政府統治末期的法國。

　　歷史學家認為，在這個時代的諸多事件中，給人們留下最悲慘記憶的就是1572年發生的聖巴多羅買之夜大屠殺，儘管這次大屠殺或許不是被害人數最多的一次，然而這場大屠殺是由凱薩琳・德・麥地奇和查理九世一手造成的。

　　這場大屠殺不是來自於統治者發布的命令，不是來自於王室的陰謀，這次罪行是由教眾們犯下的。事情的起因是：凱薩琳・德・麥地奇認為有四、五個新教徒首領正在精心策劃針對她和國王的陰謀，於是按照當時通行的做法，她派人刺殺他們。對於隨之而來的大屠殺，巴蒂福爾先生給出很好的解釋，他寫道：「消息傳出以後，頓時謠言四起，恐慌中的人們認為整個巴黎地區的胡格諾[2]教徒都要被處以死刑。天主教貴族、衛隊士兵、弓箭手以及一般民眾，所有的巴黎人都武裝起來湧上街頭，他們手握兵器，準備隨時參與屠殺。街頭迴響著『殺死胡格諾教

---

2. 胡格諾派，16—17世紀法國新教徒形成的一個派別。在1559年的巴黎宗教會議中，被法國各個地區的喀爾文跟隨者組織起來，此名稱的由來是來自於卡佩王朝的創立者雨果・卡佩。——譯者注

徒！殺死胡格諾教徒！」的口號聲，就是在這樣的恐怖氣氛下，大屠殺爆發了。」於是，胡格諾教徒要麼被擊斃、要麼被溺殺、要麼被絞死，所有被懷疑為異教徒的人都慘遭厄運。在巴黎，被殺害的大約有2,000多人。

更糟糕的是，這種慘無人道的殺戮行為也傳染到外省，於是又有6,000～8,000個新教徒在此次大屠殺中慘遭殺害。

這種宗教狂熱終於過去之後，甚至包括天主教歷史學家在內的所有歷史學家，只要提起聖巴多羅買之夜大屠殺，都會表現出強烈的憤慨。這一點也讓我們看到，一個時代的人要理解另一個時代的人之精神，是一件多麼困難的事情。

但是在當時，聖巴多羅買之夜大屠殺不僅沒有受到責難，反而在整個歐洲的天主教團體中，激起無可名狀的一種狂熱：菲利普二世（西班牙）得知這個消息以後喜出望外；法國國王接連不斷地收到賀信，這個事件引發的熱情，甚至勝於他取得一場偉大戰爭的勝利。

教宗葛利果十三世更是欣喜異常，為了對這個大快人心的事件表示紀念，他下令鑄造一款金牌，讓人們點燃狂歡的焰火，鳴放祝賀的禮炮，並且透過多次集會來舉行慶典，甚至命令畫家瓦薩里把大屠殺的主要場景繪製在梵蒂岡教廷的牆壁上。他還派遣使者到法國，通令嘉獎法國國王的「善舉」。這些歷史細節儘管現在看來讓人驚詫，但是對我們理解信徒的心理很有幫助，雅各賓主義者在大恐怖時期具有的心理和精神狀態與葛利果十三世非常相似。

作為被屠殺的一方，新教徒自然不會善罷甘休，他們奮起反抗，直至最終，亨利三世在1576年被迫通過《博略和約》，把完全的信教自由

賦予他們，承認對8個城市的佔領，並且讓新教徒在議會中佔有和天主教徒一樣的半數議席。

新教的勝利當然會刺激到天主教，於是這些不情願的妥協沒有換來真正的和平，以吉斯公爵為核心形成天主教同盟，兩者之間的衝突不斷升級，幸好沒有一直持續下去。我們知道，在1593年，亨利四世宣誓脫離新教，緊接著又頒布《南特敕令》③，這場戰爭終於暫時宣告結束。

雖然這場鬥爭暫時平息了，但是它依舊沒有結束。新教徒在路易十三統治時期依然沒有善罷甘休，黎希留宰相在1627年被迫圍攻拉羅謝爾，15,000個新教徒在此喪生。後來，不是出於宗教上的考慮，更多是出於政治上的考慮，正統天主教對新教徒表現出不可思議的寬容。

然而，即使是這種寬容，也無法維持多久。如果一方覺得具備與對方抗衡的能力，或是具有壓倒性的優勢，和解和寬容就會像陽光下的露水一樣消失，最終的結果往往是雙方兩敗俱傷。新教徒在路易十四時期的教徒數量只有大約120萬人，勢力已經不如從前，他們被迫放棄鬥爭，希望可以和平相處。但是天主教徒卻不願意罷手，天主教神父無法容忍異教徒在法國的存在，於是他們處心積慮，利用各種方式對異教徒進行迫害。因為這些迫害沒有動搖新教的根本，於是路易十四在1685年再次以武力迫害新教，他派出龍騎兵對新教徒展開大範圍的追捕和屠殺，許多人慘遭屠戮，但是除了血腥的迫害之外，天主教沒有更多的收穫。憤

---

3. 南特敕令，法國國王亨利四世在1598年4月13日簽署頒布的一條敕令。這條敕令承認法國國內胡格諾教徒的信仰自由，並且在法律上享有和公民同等的權利，這條敕令也是世界上第一份關於宗教寬容的敕令。——譯者注

怒之下的天主教要求法國國王採取更多措施，路易十四迫於天主教神職人員的壓力，不得不收回《南特敕令》。一時之間，新教徒面臨絕境，擺在他們面前的只有兩種選擇：要麼改信天主教，要麼離開法國。據說，這個帶有悲劇色彩的移民運動持續很長一段時間，大約有40萬個法國人不得不離鄉背井，這些新教徒遵從自己的信仰，把物質利益置之度外，毅然決然地選擇踏上遠走他鄉的不歸之路。

宗教革命帶來的結果

假如只把這段黯淡的歷史作為判斷宗教改革好壞的依據，宗教革命是一場巨大的災難。但是凡事總有兩面性，有些宗教革命確實對文明的進步產生不可估量的巨大影響。

透過對人們的精神凝聚，這些宗教革命極大地增進一個民族的物質文明發展。伊斯蘭教就是這個方面比較明顯的例子，毫無疑問，這種由穆罕默德建立的新信仰帶來強大的精神力，這種精神力在短時間裡就把阿拉伯那些貧困弱小的部落變成強悍的國家。

與此類似的是，新宗教信仰取得的效果是以往任何一種哲學、一部法典不可能達到的，它甚至可以改變某些原本幾乎不可改變的東西，例如：民族的情感。

基督教的誕生——人類有史以來最偉大的一次宗教革命，就充分證明這一點。基督教誕生以後，它使人們拋棄所有異教的信仰，讓一個來自巴勒斯坦地區加利利平原的上帝取而代之。人們從基督教的理想中，獲得一個認知：必須放棄所有世俗的歡樂，以換取天堂永恆的幸福。這種理念更容易被窮人和奴隸以及那些被剝奪此生所有幸福的人接受。在他們的眼中，灰暗無望的生活即將結束，美好的未來即將到來，這樣的想法給予他們心靈上的安撫及精神上的鼓舞。具有良好品格的生活，既容易得到窮人的追捧，也容易被富人接受，新信仰展現的力量也正在於此。

我們回顧基督教誕生之後2,000年的歷史，可以看到：不僅人們的生活方式被基督教革命改變了，文明的過程也因此深受影響。接下來，文明的所有要素開始為宗教服務，人類文明由此發生迅速的轉變。作家、藝術家、哲學家所做的，只是把這種新信仰用文字等符號表述出來，如果宗教信仰或是政治信仰佔據支配地位，理性就會被迫為這種信仰做出合理化的解釋，並且讓其他人也接受這種解釋。可能有許多神學家和布道者在摩洛克神流行的時代，大肆鼓吹以人為祭的必要性，說起來，這種行為與人們盛讚宗教裁判所、聖巴多羅買之夜大屠殺、大恐怖時期的屠殺沒有分別。

　　我們不要奢望那些擁有堅定信仰的民族可以在一個許多教派勢不兩立的國度裡互相寬容。在古代社會，寬容只存在於多神論者中，這一點在當今時代也未曾改變，就是那些被稱為多神論的國家才可以實現寬容，例如：英國和美國，宗教已經四分五裂，成為無數個教派，這些教派在同一個名義下，信奉迥然不同的神祇。

　　宗教寬容總是因為信仰的自由和多樣性得以形成，但是在信仰多樣化的情況下，信仰也順理成章地被削弱。於是，我們就會遭遇一個懸而未決的心理學難題：怎樣在堅定信仰的同時堅持寬容？

　　之前，我們已經瞭解宗教革命的重要作用和信仰的巨大力量，儘管它們在很大程度上是被狂熱的情緒驅動的，但正是由於它們的存在，歷史才得以塑造，各個民族才得以凝聚在一起，而不是一盤散沙。事實上，人類無時無刻不在利用宗教和信仰來塑造自己的思想，指導自己的行為，至少在目前看來，還沒有哪一種哲學可以成功地取代它們。

第三章

革命中的政府行为

政府在革命時期的軟弱無能

18世紀，在世界範圍內革命此起彼伏，例如法蘭西、西班牙、葡萄牙、義大利、奧地利、波蘭、土耳其、日本等許多國家都是如此，這些革命的顯著特徵之一就是以雷霆之勢迅速推翻舊政府。

革命的突發性是一種必然，因為在現代社會中，科技的發展使得資訊的傳播更加方便快捷，精神的傳染也隨之變得非常迅速。不可思議之處在於，政府在面對革命的襲擊時，只會顯得軟弱無能，只能做出微弱的抵抗。我想，這一點向我們顯示了，由於過於相信自己的力量，致使政府根本無法理解和預見革命的到來。

輕鬆顛覆政府的例子已經有很多，歷史已經多次向我們證明：這個現象不僅發生在那些通常被宮廷政變所顛覆的獨裁體制中，而且也曾發生在那些民主的、為公共輿論和民眾代表所支持的政府身上。

我們來看一個例子——發生在查理十世頒布《四項赦令》後的政變。讓人難以置信的是，僅僅在4天的時間裡，國王就被推翻了。首相波利尼亞克在當時幾乎來不及採取任何防範措施，至於國王本人更是無所防備——他毫無顧忌地外出狩獵了。路易十六時代的政變也與此相似，雖然軍隊沒有背叛國王，但由於統治者輕慢的態度，導致指揮失誤，結果政府被一小撮起義者攻陷了。

歷史學家們一直感到很困惑：為什麼一個根基穩固的政府、一支裝備精良的軍隊會如此輕易就被揭竿而起的烏合之眾推翻？於是，他們

理所當然地把路易‧菲利普垮台的原因歸結於某種「深層」的原因。但是事實上，政府垮台的真正原因只是暴亂期間被委以重任的將軍們太無能，這其中不存在什麼玄妙的根由。

這個案例非常典型，值得我們深入思考。當時的親歷者——埃爾興根將軍記錄下了當時的情況，而博納爾將軍則根據這個記載進行深入的研究。於是我們知道了當時的情況：當時有36,000名士兵在巴黎，但是讓人驚訝的是軍官們竟然在陣前手足無措，根本不知道如何調度這些士兵。他們不僅發出相互矛盾的命令，而且，最為危險的是，一般民眾也混入軍隊之中，以至於到了後來，為了避免傷及無辜，軍隊拒絕向民眾開槍。如此束手束腳的軍隊幾乎不具備任何戰鬥力。很快，起義就獲得成功，國王則被迫退位。

我們運用大眾心理學的知識來對該事件做分析，就會發現那場使得路易‧菲利普垮台的小暴動其實是很容易控制住的。在當時的條件下，指揮官保持冷靜，只需派出一支極小規模的軍隊就可以阻止起義者闖入議會，而在這樣的條件下，當時由保王派組成的議會必然會宣布由巴黎伯爵繼承王位但前提是其母攝政。西班牙革命和葡萄牙革命中也發生類似的現象。

這些事實告訴我們，經常是一些微不足道的小事成為翻天覆地的重大事變或革命的起因，而這些小事中錯綜複雜的影響和作用不可小覷。我們不妨推導一下，如果當時路易‧菲利普成功鎮壓了暴亂，1848年的共和國、1852年的第二帝國就不可能出現在歷史上，色當之役的慘敗、普魯士的入侵及阿爾薩斯的被割佔這些歷史事件也就不會發生了。

在上文提到的那些革命中，雖然軍隊在捍衛政府的時候產生的作用

不大，但是它一直是忠於政府的。而在另一些革命中，我們看到的情況卻正好相反，例如：正是軍隊引發了土耳其和葡萄牙的革命，而在拉丁美洲的各個共和國中，很多次的革命都是由軍隊主導的。如果一個革命是由軍隊主導的，新的統治者必然處於軍隊的支配和控制下。羅馬帝國末期，總是由軍隊來決定皇帝的存亡廢立就是一個典型的例子。

這個推斷在當今時代也同樣適用，如果讀者們閱讀以下這段刊載在報紙上關於希臘革命的新聞，就可以明白處在軍隊支配下的政府會淪落成什麼樣子：

80名海軍軍官在某天宣布，假如政府依然任用那些他們不認同的領導人，他們將集體辭職；還有一次，王儲農場裡的一個農民提出瓜分土地的要求；海軍發起了一次抗議，抗議政府晉升佐爾巴斯上校的許諾，於是佐爾巴斯上校與海軍一名上尉進行一個星期的磋商後，決定撤換參議院議長；在此期間，海軍軍官遭到市政聯盟的詆毀，一名代表譴責道，「應該把這些軍官及其家屬以強盜論處」。一般來說，如果沒有軍隊支持或至少讓它保持中立，一場革命要取得勝利就困難重重。但是我們也經常看到這樣的情形，革命早在軍隊介入以前就已經發生，例如法國1830年革命、1848年革命及1870年革命。在1870年革命中，法國人因色當的投降蒙受了奇恥大辱，所以第二帝國被人們一舉推翻。

大部分革命都發生在首都這個國家的政治中心，隨後才借助傳染的作用向全國各地蔓延。當然，這也不能一概而論，例如在法國大革命期間，包括旺代、布列塔尼、米迪在內的一些地方都是自發起來反抗巴黎的，這種革命是自下而上的。

政府如何才可以阻止革命？

分析上文中列舉的各種革命，我們可以看到政府被推翻的原因大多是由於自身的軟弱性，這些軟弱無能的政府在面對凶猛襲來的革命時幾乎毫無招架之力。

但是我們也不能因此就武斷地認為所有的政府在革命面前都是無能為力的。俄國的革命就向我們表示，只要積極採取防範措施，及時遏制革命的發展態勢，政府也有可能取得最終的勝利，徹底撲滅革命。

對於政府來說，革命的威脅性非常大，革命可以輕易顛覆政權。在東方遭到慘敗後，俄國長期處在極端專制統治下的社會各階級，甚至還包括一部分軍隊和艦隊，紛紛揭竿起義。由於鐵路、郵局、通訊部門持續不斷的罷工，偌大一個帝國各地之間的聯繫和交通因此而陷入癱瘓。

就在這個時候，革命的宣傳逐漸影響到作為俄國社會主體的農民階級。農民階級更易於接受革命，因為他們處在社會的底層，大多數都生活得極為悲慘，被迫在米爾制度下耕種土地，卻得不到一點報酬。在這種情況下，於是為了防止農民暴亂造成進一步的動盪，政府立刻改變了政策，他們決定將這些農民轉化為經營者，希望以此來穩定和安撫這個規模龐大的階級。為此，當局還頒布一項特別法律，法律強迫地主將一部分土地賣給農民，並且下令銀行為土地購買者準備必要的貸款，利息的來源則是從每年收成中抽取出的小額養老金。

這個措施極大地緩和了與農民的衝突，這樣農民階級就保持了中

立，政府開始騰出手來專心對付那些正在焚燒城鎮，向人群中投彈，挑起激烈爭端的暴亂份子。所有這些人都應該被消滅掉，這或許是人類史上唯一可以保護社會免遭破壞的方法。

那些獲得勝利的政府都明白，除了國內那些開明人士的合法要求需要滿足之外，還必須採取其他的措施。於是，它選擇建立議會來指導立法和控制財政支出。

俄國革命的經驗顯示，即使政府的天然擁護者都慢慢消失，它仍舊可以憑藉相當的智慧和意志，克服重重艱難險阻，穩固自己的政權。所以，我們可以得出一個客觀公正的結論：任何一個政府都不是被推翻的，它們經常都是自取滅亡。

政府主導的革命：以中國和土耳其為例

　　對於政府來說，革命是不被歡迎的，政府幾乎總是想盡辦法要阻止一切革命的發生，它們絕不會自己發起一場革命。當然，在一定的條件下，出於暫時或長遠需要的考慮，政府也會謹慎地進行一番自上而下的改革。但一般來說這種改革通常是迫於壓力被動進行的，其目的在於緩解衝突和改變無奈的情形，他們絕不會先於這些要求進行主動的改革。然而，某些政府有時也會實施一些突發的改革，我們常將之稱為革命，這種改革能否成功取決於當時國民精神狀態的穩定程度。

　　我們假設一種情形：如果這種革命的對象是由半野蠻部落組成的民族，他們之中不存在固定的法律和習俗，不存在穩定的民族精神（national mind），實施這種革命的政府就可以成功地實施新制度。彼得大帝統治下的俄羅斯就處於這樣的狀態，他透過武力成功地將那些半亞細亞的人口歐洲化。

　　還有一個由政府發起革命，案例也比較典型，這個案例是日本為我們提供的，但被徹底改造的不是這個國家的精神，而是它的機器。

　　想要完成這個任務，哪怕只是完成一部分，也需要一個強大的獨裁者和其他人有力的輔佐。因為改革者經常會發現，他的對面站著整個民族，這與一般革命的情形恰好相反，在這裡，獨裁者是革命的，而民眾卻是傳統而保守的。

　　這些嘗試通常情況下總是會以失敗告終。不管是自上而下的，抑或

自下而上的革命通常都不會改變長期以來人們所形成的精神狀態，它可以改變的只是那些隨著時間的流逝慢慢變得落後腐朽、跟不上時代變化的東西。

現在，在中國正在進行一場十分有趣但註定失敗的革命，它試圖透過政府的努力在極短的時間裡改變這個國家的制度①。長達數千年的古老君主制王朝之所以會被革命推翻，其中一個原因就是清政府為了改變現狀而強制推行改革，例如禁菸禁賭、改革軍隊、建立新式學校等。但是對於接受幾千年封建統治的人們來說，他們既不能快速認知並接受這種新型的政治體制，又對改革帶來的增稅感到不滿，因此革命的爆發也就無可避免了。

有少數幾個在歐洲學校接受過西式教育的中國人利用其國內的這種不滿，發動民眾起義，並且宣布建立一個共和國，而在此之前，中國人對共和制其實沒有概念。

但是在我看來，這種共和制註定會在短期內消亡，因為催生它的不是一個真正進步的運動。對於那些受過一些歐洲教育的中國人來說，「共和」一詞也不過意味著擺脫一切法律、習俗和長期建立起來的規範的束縛與羈絆，他們沒有體會到「共和」的真正意義。這些年輕的華人剪掉了辮子，戴上了帽子，以共和人士自居，試圖以此改變他們的天性。這與大革命時期大多數法國人所認知的共和觀念是何其相似！

但是迄今為止我們還沒有發現這樣的一個「魔戒」，即利用它的力量在不透過紀律約束的情況下挽救一個社會。在紀律已經內化為一種遺

---

1. 此處是指辛亥革命。——譯者注

傳因素的情況下，就沒有必要下大力氣進行規制。然而，當祖先經年累月建成的世俗屏障因原始本能無拘無束的宣洩而被衝破時，只有嚴厲的專制才可以重建秩序。

接下來，我們還要舉一個土耳其最近發生的革命案例，這個革命與中國極為相似。數年前，幾個接受歐洲良好教育的年輕人，懷著一腔愛國熱忱，他們在一群軍官的幫助下成功推翻當時的蘇丹政權，事實上這個政權的專制程度還不至於太恐怖。

當時，野蠻和文明在土耳其勢均力敵，這個國家因為宗教仇恨和民族衝突而分崩離析，不斷發生內亂。然而，就是在這個混亂不堪的國家，革命者就像我們拉丁人一樣虔誠地信奉規則具有的神奇力量，他們認為自己完全有能力建立起代議制政體。

但是，直到今天，我們沒有看到這個努力有任何重大成果，改革的發起者們不得不承認，儘管他們信奉自由主義，但是他們仍然延續著幾乎全套的蘇丹政府的統治方法：這使得他們不僅對政府草率的處決無能為力，對基督教徒的大規模屠殺也起不到任何遏制作用，他們甚至不能廢除某種陋習。

我們必須說，對這些改革者進行指責是不公平的，實際上，面對這個有悠久歷史和頑固傳統的民族，他們又可以做些什麼？宗教熱情在這個國家空前地強烈和高漲，雖然信奉伊斯蘭教的人只佔少數，但是他們卻可以根據法典合法地統治其信仰的聖地。在這個國家，民法與宗教法還未完全分離，民族思想得以維繫的唯一紐帶仍是對古蘭經的信仰，在這樣的背景下，要阻止伊斯蘭教成為國教談何容易？

正是在這樣的背景下，專制體制再次粉墨登場。這樣的事實並不少

見，我們可以得出一個結論：除非首先改造它的精神，否則一個民族就無法改變自己的制度。

革命無法改變的社會要素

我們接下來探討的是民族精神的剛性基礎（estable foundation）。我們從這種剛性基礎中可以體會到政府體系具有的強大的傳承力量，如古代的君主政體，一個君主政體或許是很容易就可以被推翻的，但是反叛者在改朝換代後會依然實行原來的政體，而不去改變君主政體遵循的原則。例如：拿破崙垮台之後，取代他是波旁王朝的後代，而不是他的嫡親子嗣，前者代表著一種古代原則，而「皇帝的兒子」這個人格化的概念並未深入人心。

一般來說，大臣即使具有超凡的才智，也基本不可能推翻其君主。俾斯麥就是其中的典型代表。這位鐵血人物一手創建德意志聯盟，然而他的生死卻依然操控在主子手中。由此可見，單個個體的力量在公共輿論的支持面前，顯然是毫無抵抗之力的。

然而，由於一些原因，這個社會組織的要素不會隨著政府本身的的變化而同時大規模地消失，這一點我們可以從法國大革命期間發生的事件中窺見一斑。

如果我們忽略法國以前的歷史，僅看法國大革命以來的動亂歷史，或許我們就會形成這樣一種觀念，認為法國是一個處於嚴重無政府狀態的國家。但是，事實上，法國的經濟、工業，甚至政治生活都表現出一脈相承的連貫性，所有的革命和政府都未對它造成影響和阻礙。

實際上，歷史上值得關注的除了重大事件，還有很多微末細節，這

些不被人重視的細節與人們的日常生活密切相關。它們被那些不以人的意志為轉移的、專橫的必然性所控制，正是它們的總和構成人類的真實生活。

研究最近100多年的重大歷史事件可知，名義上的法蘭西政府經歷了巨大的變化。但是，我們把考察的目標轉向日常生活中的瑣事時，就不難發現，與表面上的巨變相反，真實的法蘭西政府基本沒有發生任何本質上的改變。

我們要提出一個問題，究竟是什麼力量真正主宰著一個民族的命運？在生死存亡之際，國王和大臣毫無疑問對於一個民族來說是極其重要的。然而，對於那些構成日常生活的細節來說，他們其實不足道。真正對一個國家起決定性作用的是那些不為個人意志服務的行政部門，政府的交替更迭對它不能產生很大的影響。行政部門守護著傳統，其他所有的要素幾乎都被這種神秘主義的力量所控制。正如我們將要指出的，它們所能發揮的作用其實遠超乎人們的想像，它們可以在形式意義的國家之外，單獨構成一個擁有更大權威的無名國家。所以，可以說法蘭西其實是受到各部的領導者及政府職員統治的。隨著對革命歷史的深入考察，我們會越來越清晰地知道：發動一場革命是十分容易的事情，但改造一個民族的精神卻非常困難。

| 第四章 |

民眾在革命中扮演的角色

民族精神的兩大特徵——剛性與柔性

我們要解讀一個民族在特定時期的歷史時，首先要做的就是把它放到當時所處的環境中考量，而且還要重點關注它經歷的過去。雖然個人可以從理論上否認過去的歷史（類似於大革命時代的人們及今天的許多人），但歷史產生的影響是不能忽略的。

民族精神賦予一個民族以力量，這種精神是透過世世代代的緩慢累積和沉澱形成的，其中包括思想、情感、民俗，甚至一些陳規陋見。如果這種民族精神不存在，每一代人都必須從頭開始，人類的進步也就無從談起。

衡量民族精神的標準在於構成民族精神的那些要素是否擁有某種程度上的剛性和穩定性，但是這種剛性必須保持在一定的限度之內，不能超越這個限度，或換個說法，它還必須具有一定的柔性。道理很簡單：失去剛性，先輩們的精神就難以為繼；而沒有柔性，先輩們的精神則無法融合適應文明進步所造成的環境變化。

假設一個民族的精神太過剛硬僵化，我們將會看到革命不斷地發生在這個民族身上；而如果民族精神太過柔韌，這個民族精神就會走向沒落、衰亡。不僅人類如此，普通物種也遵循這個規律，如果僅僅堅守原來的意識形態，無法融入新的時代，不能適應新的生存環境，那它所面臨的就只有死路一條，這也就是所謂的物競天擇、適者生存。

在歷史上，我們很少看到有民族可以在剛性與柔性這一對相互矛盾

的品性之間找到合適的平衡點，古羅馬和當代的英國算得上是實現這種平衡的典型了。

　　暴力革命經常發生在那些民族精神異常穩固、持久的民族中間，因為無法透過逐步的自身演進來適應變化的環境，所以一旦必須做出這種適應時，他們就只能被迫在猝然之間激烈地改變自身。

　　毋庸置疑，民族精神是一個民族創造自身歷史文化的基礎，而民族精神的剛性特徵絕非是在短時間就可以形成的。只要一個民族未能形成自己的民族精神，它就是一個欠缺凝聚力和向心力的、未開化的游牧部落。所以，從羅馬帝國末期法蘭克人入侵以來，經過幾個世紀的時間的累積和沉澱，法蘭西人才形成自己的民族精神。

　　民族精神建立幾個世紀以後，這種精神再度開始變得僵化，這種僵化是在演變中慢慢發生的。如果柔韌性的因素可以在她的民族精神中多一點，或許古代的君主政體就可以像其他國家那樣循序漸進地轉變過來，大革命或許就不會發生，重塑民族精神的任務也不會這般艱難。

　　從上文中，我們可以看到法國大革命的內因，民族精神的重要性，以及為什麼相同的革命在不同的國家會產生截然不同的結果。以法國大革命為例，有些民族對它表達崇高的熱情；而有些民族則表現得十分冷漠，甚至反感厭惡。正是民族精神的不同造成如此迥然不同的反應。

　　我們再來看看英國。經歷了兩次資產階級革命，還把查理一世這個國王送上斷頭台之後，英國仍然可以稱為一個政治穩定的國家。之所以這樣說，是因為英國的民族精神十分穩定且堅固，正是在這種穩固的精神作用下英國人足以守住傳統；同時，其民族精神中具有的柔韌性，足以使其對自身不斷進行修，取其精華去其糟粕。正是基於這種偉大的民

族精神，英國人從未像我們大革命中的革命者那樣，幻想在理性的旗幟下徹底打破古代的傳統制度和觀念，並且建立一個嶄新的、虛無飄渺的社會。

索雷爾[1]曾經這樣寫道：「對於政府的無能和牧師、貴族階層的整體腐化，法國人表現出強烈的憎恨和厭惡，他們全力反抗，試圖掙脫法律的束縛和羈絆。但英國人則不同，英國人則將宗教、憲法、貴族制及上院視作他們的榮耀。當然，英國人也承認，城堡內部的命令並非完美，甚至頗具爭議，但是這些爭議只會在內部得到解決，絕不容許陌生人來替代包辦。」

在南美那些共和國的歷史中，民族氣質對民族命運的影響非常明顯。在這些國家中，革命和政變時有發生。這裡的民眾大多是混血兒，他們祖先固有的明顯特徵業已被錯綜複雜的遺傳所稀釋，原來的民族氣質和傳統性格也越來越淡薄，這會嚴重影響民族精神的形成，穩定性就更談不上了。歷史也像我們證明，最難統治的往往都是混血的種族。

只有將考察對象轉向那些曾先後被兩個民族統治過的國家，我們才可以瞭解由於民族原因而造成的政治能力的差異。我們可以找到的典型的例子有近代的古巴和菲律賓。這兩個國家一開始都是受到西班牙的統治，後來又轉由美國進行統治。

西班牙統治下的古巴一片混亂和貧困，但是美國統治下的古巴卻呈

---

1. 索雷爾（Georges Sorel，1847—1922），法國記者和社會政治思想家。他是法國工團主義運動的領導者，也是這個方面最早的著作者之一。在他的許多著作中，《反思暴力》（1908年）和《進步的幻象》（1908年）一般被認為是最重要的。——譯者注

現出一派繁榮昌盛的景象。

　　菲律賓的情形也大致相同。在長達幾個世紀的時間裡，西班牙長期控制菲律賓，但西班牙統治下的菲律賓情況越來越糟：這裡灌木叢生，病疫四處流行，沒有現代工業，也看不到商業的痕跡，民眾生活十分艱難淒慘。可是，在美國接管後的幾年裡，這個國家的交通、教育、醫療等各方面都發生翻天覆地的變化：包括瘧疾、黃熱病、瘟疫、霍亂在內的病疫被徹底消滅；沼澤得到妥善的治理和改善；鐵路、工廠、學校在農村陸續建立起來；人口死亡率甚至在13年的時間裡降低三分之二。

　　這些實例可以給理論家們一個提醒，對民族這個詞蘊含的深刻含義一定要給予高度重視，且要謹記民族精神的重要性，一種精神可以決定一個民族的命運。

民眾眼中的革命

在任何一場革命中，民眾總是處於被動地位：他們既不會自發地去發起一場革命，也不能勝任指導革命的艱鉅任務；他們可以做的就是在革命運動中接受革命領袖的領導。

只有在直接利益受到嚴重觸動時，各階級群體的民眾才會發起反抗，但是這僅限於地方性的、偶發的運動，最終它所形成的也只是一場群體性騷亂，而非真正的革命。

發生在葡萄牙和巴西的革命已經證明這一點：當領袖具有超凡的領導才能和卓越的影響力時，革命就會非常容易發生。然而，要讓民眾從內心深處接受一種新的思想，並且將其付諸實踐，則需要非常長的時間。通常情況下，民眾往往是在一知半解，還沒有真正全面認識新思想的情況下，就糊里糊塗地接受一場革命，等他們終於理解了革命的原因時，革命卻已經結束了。

於是大多數情況下，民眾只是在革命領袖們的宣揚和鼓舞下匆匆投身於革命，但是他們對革命領袖們的真正意圖並無多少理解。他們按照自己的方式來理解革命意圖，這種理解與革命真正發動者們所嚮往和希望的相去甚遠，法國大革命的情況就是典型的例子之一。

1789年大革命的真正目的是資產階級想要分享貴族階級的權力，或者說，平庸無能的舊精英將會被精明強幹的新精英所取代。

在大革命的最初階段，民眾雖然會公布民眾主權的原則，但是它所

謂的民眾主權也只是人們享有選舉代表的權利，而民眾自己的權利則並未被列入革命的議題中。

以文化或見識方面來說，一般民眾的修養不可能與中產階級一樣高，他們未必同樣擁有躋身社會上層的強烈渴望。事實上，經過數百年甚至上千年的洗腦，他們已經不認為自己與貴族是平等的，甚至從來不會奢望擁有與他們一樣的平等地位。所以，一般民眾無論是在看法上還是利益上，都與社會上層階級存在很大的差別。

然而，一般民眾畢竟是構成一個國家的主要群體，議會與王權之間的鬥爭都需要有他們的參與，革命者需要得到這個規模龐大的群體的支持和擁護，這樣導致的結果就是民眾越陷越深，很快，資產階級革命就演變成一場大眾革命。我們必須知道，單獨一種思想本身不具有很大的力量，但是在情感及神秘主義的支持下，它卻能發揮不可估量的作用。因此，在對一般民眾產生影響之前，資產階級的理論必須按照明顯的實際利益轉化成一種新的、非常明確的信仰。

「能與原來的主人平起平坐」這樣巨大的誘惑，對於民眾來說是具有強大吸引力的，他們為了自己的實際利益，就會積極回應和擁護革命，接下來發生的一切也就順理成章了：民眾開始覺醒，意識到自己是受害者，在政府的蠱惑下，他們開始暴力燒殺、無所不為，而且群體中的民眾還會認為這樣做是在行使自己的正當權利。

革命原則之所以可以產生巨大的力量，主要原因在於它們放縱了野蠻的原始本能，而在此之前，社會環境、傳統及法律一直約束著這些本能。

在革命領袖的承諾和動員下，群眾開始狂熱起來，理性已經不復

存在，那些原本存留的社會約束被逐漸卸載，到最後，群眾被擁有無限權力的欲望沖昏了頭腦，他們幸災樂禍地看著以前高高在上的階層被驅逐、掠奪。既然大家都擁有同樣的主權，有什麼事情是不可以做的？

在革命之初，革命領袖們所宣導的自由、平等、博愛等格言，確實表達民眾的真實希望和執著追求。但是時間會讓很多東西變質，嫉妒、貪婪及對優越者的仇恨隨著革命的發展和深入越來越多，人們被一時的欲望和仇恨遮住了雙眼，最初追求的平等、博愛已經淪為人們為各種醜行辯護的堂皇藉口，淪為邪惡情感的遮羞布。在這些口號的背後，脫離紀律的束縛才是大眾真實的動機，這也就是大革命爆發不久之後就因失序、暴力、無政府狀態而告終的原因所在。

由於下層階級具有局限性，因此一個無可避免的情況就是，當革命從中產階級向底層社會蔓延時，理性對本能的支配也就宣告終結，本能反過來開始支配理性。

這種遺傳的本能對理性的勝利是壓倒性的，文明社會所做的全部努力就是要將人類的自然本能透過社會傳統、習俗及法律的力量來加以限制。這些自然本能正是人類遺傳而來的原始獸性，人類完全有可能將其控制起來，一個民族如果將這些本能控制得越好，這個民族的文明程度也就越高。但這種本能只是蟄伏起來而不可能被完全消除，它們可能很容易被各種各樣的因素所啟動，而一旦故態重萌，所造成的惡果是難以想像的。

這就是為什麼民眾的狂熱一旦被點燃後會變得如此可怕的原因，這種熱情如同奔流的洪水，沖垮堤壩、勢不可擋，直至氾濫成災，哀鴻遍野。里瓦羅在大革命之初就曾經哀歎道：「激發出一個民族的精神

糟粕，無異於引火焚身……進行民眾啟蒙和開導的時代已經不復存在了。」

民眾在大革命中產生的作用

　　大眾心理學的法則告訴我們：民眾雖然可以被順應、誇大所受到的刺激等方式激發出高漲的熱情，並且在革命中扮演重要角色。但如果失去領袖的指導，無組織民眾在革命中是起不到什麼作用的，他們不能成為運動的領袖，也不具備開明的思想和意識主動去完成革命的目標。回顧一下歷史，我們就可以清楚地看到領袖在政治革命中發揮的重要作用。他們或許不能自己創造革命理論，但是他們卻十分瞭解如何將理念作為辯護的手段。對於一場革命來說，革命理念、領袖、軍隊、大眾是四種不可或缺的要素。

　　在領袖強有力的動員下，民眾的隊伍不斷壯大，並且迅速成為一股不容小覷的力量，他們的行動宛如一顆炮彈，經過外力的激化，可以產生它本身所沒有的一種足以將鋼板穿透的衝擊力。革命在民眾的追隨和支持下如火如荼地進行著，但作為主要參與者的民眾真的瞭解革命嗎？不，他們其實完全不瞭解革命的性質和目的，他們從來不會問一問自己需要什麼，只是虔誠地追隨領袖，按照領袖的意志行動。例如在七月革命中，如果你問民眾推翻查理十世的理由，民眾會說是因為他頒布《四項赦令》，雖然實際上他們對這項赦令本身卻毫不關心，甚至有可能完全不瞭解《四項赦令》的具體內容。後來，群眾又把路易·菲利普趕下台，但如果問起這樣做的根由，估計很少有人說得出來。

　　米什萊、奧拉爾等很多作家都被事物的表象迷惑，無法看透革命的

本質，所以他們都一致認為我們偉大的革命是由民眾發動的。

米什萊曾經斷言：「民眾是革命的主角。」

奧拉爾這樣寫道：「有人認為少數幾個傑出人物或英雄人物發動了法國大革命，這毫無疑問是謬誤的……就我個人而言，我相信，在1789—1799年這段歷史中，沒有誰能僅憑自己的力量就左右事件的發展，不論這個人是路易十六、米拉波、丹東或是羅伯斯比。法國民眾究竟是不是法國大革命的真正主角？——我想，只要將法國民眾看作是有組織的群體，而不是烏合之眾，答案就是肯定的。」

現在很多人仍然堅持這個觀點，例如柯欽先生就寫道：「在我看來，米什萊的觀點是正確的，這真是一個民眾創造的奇蹟。就是這樣一群烏合之眾，在不依靠領袖、法律，在處於混沌一團的社會背景下，用五年的時間建立政府，並且對全國發號施令，這個群體的言行所表現出來的明確、連貫、一致讓人感到不可思議。他們從無政府狀態中獲益良多，舊的秩序被打破，很快，新的秩序與紀律就建立起來了……分散於3萬多個街區社團的2500萬人行動起來是如此的協調統一、步調一致。」

如果真像作者所說的那樣，民眾同時採取的這些行動完全是自發的，確實可以將之稱為一個奇蹟。但是實際上，這是不可能的，只是一種設想而已，因此再提起民眾時，這些作家們總是特別小心地指出所謂的民眾是指群體，而且，這個群體很有可能由某些領袖來領導。

究竟是什麼要素讓民眾們凝聚在一起？又是誰在內戰威脅國家統一的關鍵時刻力挽狂瀾，拯救了這個國家？是丹東、羅伯斯比或卡諾嗎？不可否認，這些人產生重要的作用，但是事實上，是民眾真正維護了團結、捍衛了獨立，是它把法國民眾組織為公社或群眾團體，也正是法國

的地方自治團體使歐洲反法聯盟被迫撤軍。如果我們願意對這些團隊做細緻觀察，就會發現總有幾個人在這些團體當中，顯示出非凡的才智，他們在政策制定和決議執行中，總是表現出無可比擬的領袖風範，但是我們發現（如在閱讀民眾俱樂部會議記錄的時候），他們的力量與其說來自他們自身，不如說來自他們所處的那個團體。

奧拉爾先生最大的錯誤就是：他將這些大大小小的團體的起源歸結為「一場滿是博愛與理性的自發運動」。當時，法國全國有成千上萬個小型俱樂部，它們謹小慎微地將巴黎的雅各賓俱樂部總部視為行事的標準，亦步亦趨。這就是事實帶給我們的經驗和教訓，可是出於對雅各賓派的幻想，很多人都對這個事實坐視不理。

大眾及其構成要素

有些人將民眾設想為一個神秘的群體，無所不能的，具備所有的美德，政客們的讚賞和溢美之詞不絕於耳。接下來，讓我們看看在法國大革命中，民眾究竟扮演了什麼樣的角色，又是怎樣被塑造成一個概念的。

與在大革命時代一樣，民眾這個大眾整體在今天也仍舊被雅各賓派奉若神明，它不僅不必為其所做的一切承擔責任且從來不會犯錯，因為民眾的意願一定要得到滿足，民眾可以肆無忌憚地燒殺搶掠。政客們根據自己的政治需要，要麼把民眾吹捧到天上，要麼把他們貶得毫無價值。政客們一刻不停地吹噓民眾的崇高美德和卓越智慧，並俯首貼耳地遵循他們的每一個決定。

民眾這個一直被革命者們奉若神明的神秘實體究竟是由什麼組成的？

我們可以將之分成兩種類型，這兩種類型截然不同：第一類包括農民、商人和各行各業的工人，這些人安居守業，渴望有安寧的生活和穩定的社會秩序。這一類人佔據民眾群體中的大部分，他們的頭腦中沒有革命的概念，他們只想本本分分地勞作以維持生計，歷史學家們也經常將他們遺忘。

第二類則包括了那些頗具破壞性和報復性的社會人，這些人被犯罪心理所控制，正是因為他們野心強大，才使得國家動盪不安。起義隊伍

裡最危險的群體就是由酗酒成性的窮困潦倒之徒、乞丐、盜賊、市井無賴、居無定所的雇工所構成的。

這些人雖然膽大妄為，但是對法律的懲戒卻還懷有深深的恐懼，這也正是他們中的大多數會對自己的犯罪傾向有所收斂的原因，但法律的約束消除之後，他們的邪惡本性就會佔據上風。那些將革命美譽玷汙的一切大屠殺都應該歸咎於這個罪惡的肇始之源。

正是在領袖的指揮下，這一夥人不斷地攻擊大革命時期的革命議會。他們無法無天，放縱自己邪惡的本性殺人放火、打家劫舍，除此之外，在他們的身上找不到革命理想，他們根本對革命理論、原則沒有一絲一毫認識，自然也就不會把它們放在心上。

除了這些人以外，還有一些從最底層平民中分化出來的罪惡份子，這幫人終日遊手好閒，他們也混入了革命隊伍。當其他人在為革命大聲吶喊時，他們也一起渾水摸魚，大喊大叫；其他人在進行暴動，他們也跟著造反，但是從頭到尾他們都不知道自己行為有什麼目的。他們只是因為外界環境和周圍民眾的變化而變化，他們的行為只是受到環境的影響，而無法受到理性的控制。

這群暴躁又危險的投機份子和烏合之眾，一直以來都是革命的始作俑者，革命的煽動家們看中了他們的這個特性，並且給予極高的關注。他們在煽動家們的眼裡就是擁有至上權力的民眾，然而實際上，底層的廣大民眾才擁有最高的主權，這些人正如梯也爾描繪的那樣：

自民眾為羅馬皇帝所犯下的滔天罪行唱誦讚歌以來，他們的本性從無改變。這群野蠻的傢伙集結在社會底層，伺機而動，一旦得到權力的首肯或革命領袖的青睞，他們就會用罪行來玷汙民眾的美名，破壞所有

美好的事業。

毫無疑問，法國大革命得到社會最底層大眾長久的支配，而這種情況在歷史上是非常罕見的。

從1789年開始，一旦激發並釋放了大眾深藏的獸性，就意味著一場場慘絕人寰的大屠殺。這些屠殺無所不用其極，其殘酷性令人髮指。例如在九月屠殺中，泯滅人性的暴徒們用馬刀凌遲囚徒們，以此延長他們的痛苦，用這種緩慢的屠宰方式取悅觀眾，並且從受害者痛苦的尖叫中獲取快樂。

類似的場景早在大革命之初就在法國出現了。那個時候也沒有爆發對外戰爭，所以也不存在能為這種殘忍行為進行開脫的藉口。

從3月到9月，法國的國土上暴行不斷，泰納曾列舉了120個這樣的例子，包括盧昂、里昂、史特拉斯堡在內的城市都被大眾佔領和控制，一時之間屍橫遍野。

暴徒們用剪刀把特魯瓦市長的雙眼戳瞎，市長在經歷了幾個小時的痛苦折磨後才死去；原龍騎兵團長貝爾魯斯被一些人活活剮成碎片；在法國的許多地方暴徒們甚至殘忍地把受害者的心臟挖出來，用槍尖挑起來大搖大擺地招搖過市。

這就是下層民眾的規範體系限制的後果，他們可以如此理直氣壯地實施暴行也只是迎合了那些政治家們的野心。想像一下，如果將成千上萬的暴民壓縮為一個人來看待，他將是一個怎樣殘忍、狹隘、可憎的怪物，他將比歷史上那些殘酷成性的暴君還要可怕。

然而，只要有一個強大的權威出現，他們就會被鎮壓下來，從暴力變得百依百順。縱觀歷史，我們不難得出一個結論：暴戾程度越高的民

眾往往奴性也越強。各類型的專制暴君也都對此心知肚明，因此他們不惜用各種手段拉攏這個群體並加以利用。例如：凱撒必然就會受到他們的熱烈歡迎，除此之外，還有卡利古拉、尼祿、馬拉、布朗熱、羅伯斯比。

但是就像我們在上文中指出的，這些所謂的大眾只是一些社會渣滓而已。民眾的主體是一個真正意義上的大眾的群體，這些民眾更溫順，他們所要求的也只是勞動的權利而已。他們在有些時候確實也可以從革命中獲益，但從來就不會自發地發起革命。革命理論家們對這個群體其實缺少瞭解，也不信任他們，因為他們知道這是一個傳統而保守的群體。但是實際上，他們才是國家的中流砥柱，正是因為他們的貢獻，國家才得以維持著傳統的力量和連續性。恐懼會使這些民眾顯得懦弱而馴服，有時也會因為領袖們的蠱惑和慫恿而做出極端過激的行為，但是這個過程不會維持太長時間，在民族傳統慣性力量的作用下，他們很快就會對革命產生厭倦。當革命所造成的無政府狀態逐漸失控時，民眾心中固有的民族精神就會重新被激發出來並與之對抗。這時，他們就會冷靜下來，並且開始考慮尋找一位有能力重建秩序的領袖。

他們對革命領袖的命令言聽計從，內心沒有所謂崇高或複雜的政治觀念和政治理想，總是一心嚮往和平。一般來說，他們追求的理想政府簡單至極，無外乎是在一種穩定的政治環境下的生活，例如獨裁政府，這也就是自古希臘時代至今，通常在經歷無政府狀態之後，獨裁政治就會繼之而起的真正原因。在法國，拿破崙的獨裁統治在第一次大革命之後開始出現，並得到群眾普遍的擁護；再後來，路易·拿破崙雖然遭到一些反對，但是他依然連續4次當選為共和國總統：當人們認同他的政變

之後，他又重新建立帝國，並獨掌大權直到1870年普法戰爭開始。

　　想要真正地理解民眾在革命中所扮演的各種角色，我們就不應該遺忘這一章中所回顧的這些事實。我們不能小覷民眾在革命中產生的作用，但是它與傳聞相去甚遠，傳聞不過再現了其生動性，而對於其他方面就純屬謠言了。

第二卷

革命中的主要心理形態

第一章

革命中個體人格的變化

人格的變化

之前，我曾經對人的性格做過比較詳盡的論述，如果我們無法對人格有深入理解，就無法瞭解在一些特殊時期（革命時期），人們在行為上的變化及其內在衝突。我在這裡就只是挑選一些要點介紹如下。

個體是複雜的，除了某些慣常的精神狀態之外，個體還具有一些容易變動的性格：一般來說，只要環境不變，前者就會保持穩定；後者通常是由突發事件引起的，它具有很多的可能性。

特定的外部環境造就了現實生活中的人，而非所有的環境。難以計數的小我（cellularesos）構成整體的自我，這些小我是由祖先的人格累積下來的。這些要素透過組合達到某種平衡，只要社會環境穩定不變，這個平衡就會長久地保持下去；而一旦突發的動亂破壞了環境，這個平衡就會被打破，它們會很快四分五裂，繼之而起的是由嶄新組合形成的一種全新的人格。思想、感覺及行為以各自的形式表現這個全新的人格，這時我們將會看到，同一個個體將發生不可思議的變化。這就解釋了在雅各賓派恐怖統治時期，為何那些淳樸憨厚的資產階級和以友善著稱的政府官員會變得嗜血成性、殘酷無情。

所以，那些參與重大宗教事件和政治事件的人看起來似乎與常人差別很大，但是事實上，他們也只是與我們一樣的普通人而已，同一種類型的人將由類似事件的重複發生而塑造。

拿破崙對人性的這些特徵非常瞭解，他在聖赫勒拿島的回憶中說過

一段意味深長的話：

　　偶然性在做出政治決策時產生的作用遠超過一般人的想像，正是因為深知這個道理，我才沒有苛求去人們在動亂之中的所作所為，擺脫這種成見不像想像中那麼容易……在革命期間，人們應該只談論他們已經做了的事，而不是妄議那些無能為力的事情……對人類的行為保持客觀的理解並非易事……大眾可以真正明白自己的行為嗎？他們能說服自己嗎？實際上，隨著環境的變化，他們所表現出來的善惡簡直判若兩人。

　　傳統的、舊有的人格因素在特定事件的影響下開始分解，新的人格在這時又是如何塑造的？

　　仔細研究後我們會發現，有很多途徑可以塑造新的人格，其中最有效的一種方式就是對一種信仰懷著強烈的執著追求，它可以清晰地指明新人格形成的方向，這簡直就像磁鐵聚攏金屬屑一樣快速有效。

　　在諸如十字軍東征、宗教改革、法國大革命這樣的重大歷史事件或歷史時期中，我們可以清晰地觀察和認識到這種方式如何塑造了新的人格。

　　在我們正常的生活中，由於環境變幻莫測或由於變化極其微小，我們看到的個體大多始終保持著單一的人格。但這不是恆定的，在某些時候，在特定的環境影響下，個體身上也會呈現出多種人格相互替代的現象。

　　這些人格相互之間表現不一致，最極端的情況下這些人格甚至處於完全對立的狀態。單一個體具有多重人格的現象在病態心理學中是十分普遍的，我們可以把莫頓・普蘭斯和皮埃爾・珍妮特兩人所徵引的案例

當作參考。

　　需要注意的是，智力在所有這些人格變異的例子當中沒有異常，發
生改變的是構成性格的諸多情感因素。

大革命期間最主要的性格因素

在革命中，有一點是必然發生的：一旦普遍的社會約束被打破，一些原本被壓制的情感就會開始潛滋暗長，等待破土而出、盡情發洩的時機。

法律、道德及傳統都在這些社會束縛之列，這些東西是民族傳統千百年來的累積，它們不可能被完全消除。而這些束縛在經歷了社會劇變之後，束縛力已經變得異常微弱，但是仍然在某種程度上減緩了危險情感的大爆發。

民族精神是這些社會約束中最強有力的，就像我們在前文所說的，它決定著一個民族中主體的觀察、體驗和面貌，它是遺傳性習俗的基礎架構，可以說，沒有任何比習俗更強大的紐帶了。

從歷史上看，一個民族的變化總是受制於這種民族性的影響，它甚至可以在特定的範圍之內決定一個民族的命運，一切表面的變化都無法超越它的作用。以法蘭西的民族精神為例，它似乎在一個世紀的時間裡發生翻天覆地的變化：短短的幾十年，它就由大革命轉向凱撒主義，進而轉變為復辟君主制，緊接著又爆發了革命，最終又變成新的凱撒。表面看來，法國時局風起雲湧，瞬息萬變，但是實質上它仍保持著原樣，沒有任何事物被觸動。

沒必要深究國民性變化的局限性，但是對某些情感因素的影響卻不能不進行一些考察和研究，因為正是這些情感因素的發展和變化在革命

期間導致個體和群體人格的變異。在這些情感因素中，特別要提到的是仇恨、恐懼、野心、嫉妒、虛榮和狂熱等情愫。值得慶幸的是，法國大革命給我們提供許多這個方面的案例。

仇恨

仇恨是一種非常強烈的情感，同時它又是一種正常的心理情緒。大革命時期的人們，因為對人、對制度及對某些事情的仇恨而深受刺激。他們的仇恨不僅針對敵人，甚至還針對「自己人」，正如一位作者最近所指出的：「要是我們對這些革命者之間的相互指控深信不疑，我們可以輕易得出一個結論，即他們全部都是叛國者，他們熱衷於侃侃而談，既腐敗又無能，他們骨子裡與暴君毫無分別。」我們知道，人們正是因為懷揣這樣一種置對手於死地而後快的仇恨心理，才開始相互迫害，相互殘殺，大革命中的吉倫特派、埃貝爾派、羅伯斯比派、丹東派等派別都同樣如此。

不寬容是仇恨心理產生的主要原因，這些狂熱的宗派主義者總是自以為掌握絕對的真理，並且不容許任何人反對，然而一旦全部信徒都產生類似的想法，他們可以做的只剩下相互排斥，自己的是虔誠信仰，其他人的信仰就是異端邪說。因此一旦他們掌握大權，殘暴的大屠殺就一觸即發了。

那些造成革命者反目的仇恨已經完全失去理性，假設它們還具有一定的理性起源，它們或許就不會持續如此之久，但遺憾的是那些仇恨的起源總是與情感的或神秘主義的因素相連，仇恨就變得難以遺忘。雖然派別不同，但是他們的仇恨心理卻擁有相同的根源，因此也會表現出相同的暴力傾向。從歷史資料中不難看出，吉倫特派的行事風格與雅各賓

派的一樣強硬，他們最早宣稱了失勢的黨派應該立刻消失這個觀點。奧拉爾先生指出，他們甚至還曾嘗試為「九月屠殺」進行辯護，雅各賓派的恐怖政策不應該膚淺地被當作一種自我防衛的工具，更應該當作勝利以後的信徒運用搶來的權力消滅對手的一般做法——他們絕對不會容忍信仰上的不一致。

從歷史經驗可知，宗教戰爭和政治戰爭的勝利者通常都會將失敗的一方置於死地，失敗者是不可能得到寬恕的。例如蘇勒曾將兩百多名羅馬元老院議員的喉嚨割斷，將五六千羅馬人殘忍屠戮；革命中暴徒血腥鎮壓巴黎公社，槍斃兩萬多人……這些事件無一例外地驗證了這個血腥的法則，我想未來恐怕也難逃這樣的鐵律。

仇恨的起源非常複雜，它不僅僅起源於信仰上的分歧，很多時候嫉妒嫉妒心、野心、自私等感情心理同樣是滋生仇恨的溫床。個人之間的權力鬥爭更是不容忽視的因素，正是基於這個原因那些不同派別的領袖們才會被一個接著一個地送上斷頭台。特別值得注意的一點是，派別的分裂及由此衍生的仇恨情緒幾乎已經成為拉丁民族精神的一種構成要素。也正是因為這個原因，我們的祖先高盧人失去了獨立，凱撒對此印象非常深刻，他說道：

無論哪個城市都會分裂為兩個派別：派系紛爭會滲透到一個郡、一個村莊、一個家庭。如果一年之中，一個城市沒有襲擊其他城市或沒有奮力抵抗外來的侵略，反而是奇怪之事了。

人類沒有我們想像的那般開化，要進入真正的文明時代還需要較長的一段時間，因此感情和信仰迄今為止還控制和引導著人類的行為。所

以，我們可以想像得出仇恨在人類歷史上發揮的作用是多麼重要。

對於仇恨在戰爭中發揮的重要作用，在一所軍事院校任職的指揮官科林教授做了如下評述：

為什麼不鼓勵仇恨？戰爭中，它可以極大地激發士兵士氣，鼓舞士兵戰鬥力，正是憑藉仇恨，普魯士人戰勝了拿破崙。回顧那些最為壯觀的演習和最具決定性意義的軍事行動，如果不是腓特烈大帝或拿破崙這類天才創造這些非凡之作，我們很容易發現，激情才是它們的靈感來源，而非未雨綢繆的計畫。想像一下，如果我們不憎恨德國人，1870年的那場戰爭最終會是什麼結果恐怕就很難預料了。

科林指揮官的理論同樣適用於日俄戰爭。俄國人曾讓日本人蒙受侮辱，因此日本人對俄國人懷有深深的仇恨，這或許可以看作是日本人可以在日俄戰爭中獲得勝利的原因吧。而從戰爭伊始，俄國士兵就極度輕視日本人，沒把日本人當作一回事，仇恨這種感情更是無從談起，這也是俄國人失敗的一個原因。

就像我們前文所指出的，大量有關博愛的言論存在於大革命時期，例如自由、人權，這種言論在今天更是數不勝數，各種現代政黨把「和平主義」「人道主義」「團結」等當作宣傳自己政治理念時慣用的流行口號。然而，在這些大話、空話、套話背後隱藏了無數的仇恨，它對於我們的現代社會的威脅是遠超乎人們所料的。

恐懼

在法國大革命中，恐懼幾乎可以產生與仇恨同等的作用，個人的英

勇無畏與集體的膽小懦弱並行不悖。

波瀾壯闊的革命議會歷史上，這樣的場景也不少見：國民公會的代表們在面對斷頭台時表現得臨危不懼，視死如歸，他們表現出的勇氣震驚四座；但是在面對闖入議會的暴亂者發出的各種威脅時，他們又往往顯得懦弱不堪，毫無反抗之意，對荒謬透頂的要求和指令俯首貼耳。

法國大革命期間，人們見識到了各種各樣的恐懼，其中最為流行的恐懼就是唯恐自己被指責為溫和派。所以，國民公會的代表、公共檢舉人、革命法庭的法官、國民公會的「特派員」等都爭先恐後的表現，試圖證明自己遠比對手要激進和進步。恐懼是導致這個時期全部罪行的主要來源之一，如果真能出現奇蹟，使革命的議會擺脫恐懼，他們有可能做出完全不一樣的舉動，革命本身也就可能走向一個完全相反的方向。

野心、嫉妒、虛榮

野心、嫉妒、虛榮等情感因素的影響無時無刻不存在，但是在正常情況下會被嚴格地限制在社會可容許的範圍內。例如說野心，野心首先就會被社會等級形式所限制，儘管士兵有可能在將來成長為出色的將軍，但是這必然要經過長期的服役。而革命時期，一切就都不一樣了，劇烈的變革造就了無數「奇蹟」，早上還是士兵，或許晚上就可以成為將軍。每個人都有可能在很短的時間之內，因為論功行賞而得以加官晉爵，少數人的野心也就因此而急速膨脹，地位卑微的人也相信自己有驚世駭俗的能力來勝任最高的職位，這樣一來，人們的虛榮心得以在極短的時間裡被調動起來。

野心和虛榮在內的所有激情，一旦融入革命之中，就會或多或少地膨脹起來。同時，人們開始豔羨那些一夜之間青雲直上的人，而且這種

羨慕之情還在不斷地增長。

　　法國大革命時期影響非常大的一種情緒是嫉妒心。民眾對貴族的嫉妒是這場革命中的一個十分重要的因素，即使之前的中產階級已經在能力和財富上超過了貴族，他們的社會地位與貴族的身分也越來越接近，但是事實上，他們依然有被貴族拒之於千里之外的那種感覺，這種嫉妒心理讓他們對貴族階級產生由衷的憤恨和仇視。資產階級因為這種心理狀態順理成章地從潛意識裡成為「平等」這個哲學教條虔誠的支持者。

　　因為嫉妒和受到傷害的自尊而產生怨恨的情緒，這一點我們在當今社會或許無從體驗，這是因為貴族的影響已經微乎其微。如卡里埃、馬拉及其他一些國民公會的代表在當時都曾經在大貴族門下效命，他們不願繼續這種寄人籬下、苟活於世的生活，這段經歷被視為生平的恥辱，且這種恥辱逐漸轉化為仇恨。出身寒門的羅蘭夫人就有這麼一件終生難忘的事情，在舊制度統治時期，她和母親應邀到一位貴族婦女家裡做客，結果因為身分的問題，貴族婦人在用餐時，把她們安排到僕人的位置上，對羅蘭夫人來說，這絕對是終身難忘的奇恥大辱。

　　泰納曾經引用一段哲學家里瓦羅的話，這段話一語中的，指出因為受傷的自尊和嫉妒而產生的仇恨對革命造成的影響：

　　「是什麼讓這個民族暴怒起來？不是苛捐雜稅，不是國王的密札，不是被濫用的權力，不是國家管理者們犯下的過錯，更不是遲緩的司法機關的效率……實際上，正好是貴族階級對平民階級的偏見和盛氣凌人的態度引起人們的深仇大恨。這一點有事實可證：正是資產階級、有錢人、知識份子之類的對貴族因嫉妒而懷恨在心的人，鼓動了城市裡的貧苦市民和鄉下的農民階級揭竿而起。」

拿破崙也有類似的判斷，他說：「是虛榮心造就了革命，所謂的自由也只是一個藉口罷了。」

　　這些革命的發起者擁有的熱情完全不遜於狂熱的宗教徒，第一次國民議會的資產階級代表們甚至意欲建立一種宗教。他們構築了一個非常美妙的幻夢——試圖在徹底粉碎舊世界的基礎上建立一個全新的世界，沒有什麼能比這個幻想更可以打動人心。新教義宣稱，所有的民族都將在平等和博愛的帶領下進入永恆而幸福的國度，人們癡迷於這種教義，熱情也隨之暴漲，於是他們不顧一切地等待著成功的到來。

　　然而，這種熱情很快就會被暴力所取代，原因很簡單——改革者們提出的教義根本不可能真正實現，人們只能在現實世界裡尋找慰藉，而幻想覺醒的那一天極有可能就是革命遭受滅頂之災的一天。我們不難想像，在看到身處的現狀與夢想的情境相去甚遠時，大革命的使徒們將會怎樣的怒不可遏。革命者們的本意是全盤否定過去，帶領人們走向完全不同的新生，然而過去的陰影在人們的心中卻根深蒂固，那些幻想破滅的人們開始抵觸改造。改革者們在這樣的情況下可謂困難重重，舉步維艱，但是他們卻不會屈服，於是他們開始妄圖借助暴力的手段強制推行政治主張。人們很反感這樣的專政局面，開始懷念舊的制度——歷史上的復辟大多是這樣發生的。

　　我們必須指出，儘管激情只是一時的心血來潮，它或許不能長久存在於革命議會中，但是在軍隊中，它卻能長盛不衰，並且成為軍隊力量的主要來源。從事實的角度講，在還沒有成立共和國之前，法國大革命的軍隊就已經是共和主義者了，而且在君主專制復辟、共和政體被放棄很久之後，軍隊堅持的也始終是共和主義的信念。

在本章中，我們讓讀者知道，某些共同的渴望和環境的變化通常成為人格變異的主要條件，而最後它們會表現為為數不多的幾種高度同質化的心理狀態。單從比較典型的心理狀態來看，我們可以最終將其歸為四類：雅各賓主義的、神秘主義的、犯罪的和革命的。

第二章

神秘主義心理和雅各賓心理

神秘主義心理及其在大革命期間的作用

如果先將情感邏輯、理性邏輯、集體邏輯的影響撇開不談，僅只考慮神秘主義因素發揮的重要作用，在許多革命中，神秘主義的因素確實可以說是決定性的力量，尤其是在法國大革命中，更是如此。

為那些超人格的存在或力量染上神秘主義色彩正是神秘主義邏輯的主要特徵，這些超人格的存在或力量經常外顯為偶像、崇拜物、口號和文字等。神秘主義是所有宗教和大部分政治信仰的精神基礎，如果我們其中的神秘主義因素抽離，這些信仰將會失去蠱惑力，變得岌岌可危。

神秘主義經常是在感情和激情的衝動之上產生的，幾乎每一次群眾運動都會從神秘主義中汲取力量。為了崇高的理性或許很少有人會奮不顧身，但是為崇拜的神秘偶像而犧牲自我的人就俯拾皆是了。

革命的信條在傳播出去後不久就激發出一股神秘主義的浪潮，這與此前因各種宗教信仰而產生的狂熱一模一樣，這種神秘主義的使命就是要徹底改變幾個世紀以來根植於人們內心深處的傳統心理狀態。

這樣一來，國民公會代表們的野蠻狂熱也就不難理解了，他們的神秘主義精神絲毫不遜於宗教改革時代的新教徒，而庫東、聖茹斯特、羅伯斯比等這些雅各賓恐怖專政時期的領袖人物就是大革命虔誠的信徒。這些人懷著改造世界的遠大夢想，他們也期望將自己的信仰散播到世界各地。他們認為，自己無可比擬的信條可以讓所有的君主為之顫慄，所以他們不斷地向歐洲的國王們挑起戰爭。比起那些讓人懷疑而裹足不前

的說教，堅強的信仰更具有說服力，這種信仰激勵著他們在與整個歐洲的戰爭中不斷獲勝，最終顛覆了王權。

　　大革命領袖們的公共生活中也滲透了神秘主義精神。例如羅伯斯比本人就堅信無所不能的上帝賦予他無與倫比的力量支持：在一次演講中，他試圖讓聽眾們相信上帝「在宇宙初始就已經預示，即頒布聖令，實行共和政體」。他還以國教大祭司的身分，鼓動國民公會通過法令，宣布「法國民眾已經從內心承認上帝的存在和靈魂永生的信念」。而在最高主宰節儀式上，羅伯斯比坐在國王的寶座上，進行他冗長的布道。由羅伯斯比領導的雅各賓俱樂部成為一個政務委員會，他們可以擔負起政務委員會的職能，正是憑藉這種神秘主義因素而產生的激情。凡是批評雅各賓正統派的那些人都被看作異教徒，並且被掃地出門，不僅如此，革命法庭還將對他們進行審判，斷頭台還將在前方等待他們。

　　與我們想像的不同，在羅伯斯比死後，以他為代表的神秘主義心理沒有隨之煙消雲散，當今的法國政治家中這種神秘主義心理仍然很有市場。雖然舊宗教信仰已經無法左右他們的思想，但羅伯斯比式的心理卻深深扎根在他們的心中，並且不斷強化，他們只要一看準機會就會向他人強迫灌輸自己的政治信條。這種灌輸有時候是不擇手段的，如果只有透過殺戮才可以傳播他們的信仰，他們也會無所顧忌。因此，我們可以說羅伯斯比的思想並未隨他一起在斷頭台上隕落，其信徒廣布世間，成千上萬的人再現了類似的思維模式。只要人類不消失，羅伯斯比式的思想及其最後的信徒也就不會消失。

　　大多數歷史學家們都長期關注革命中的神秘主義，然而他們的研究方向卻存在問題，直到今天，這些歷史學家仍舊試圖利用理性邏輯來

解釋大量與理性毫不相干的現象。拉維斯先生和蘭博先生在我前文引述過的一個段落中，曾持有這樣的觀點，「宗教改革是個人自由反省的結果，一般大眾從中尋找到一種非常虔誠的良知和果敢的理性」。

那些認為政治和宗教改革起源於理性的人是永遠不會理解這些運動的。那些震撼世界的政治或宗教信仰，都有一個共同的起源且遵循相同的規律。理性與它們的形成毫無關係，甚至可以說塑造它們的是與理性完全相反的因素：佛教、基督教、基督新教、伊斯蘭教、雅各賓主義、社會主義、唯靈論①、巫術等，看起來似乎是迥然不同的信仰形式，但我認為有必要再重申一下，它們具有同樣的神秘主義和情感基礎，也遵循無關理性的邏輯形式。它們的歷練其實來自於一個事實：理性不僅無法創造信仰，也無法改造信仰。

信徒式的神秘主義心理狀態在我們當代的政治中也司空見慣，這一點在一篇與當下的一位大臣有關的文章中可以窺見一斑。我現在就從雜誌上摘錄一段如下：

人們或許會對某先生的信仰歸屬問題提出質疑，究竟應該把他劃歸到哪一類之中？我們可以將他定性為沒有信仰的人嗎？不，當然不能！雖然現存的任何一種信仰他都沒有接受，他不僅咒罵羅馬的天主教，還指責日內瓦的新教，他拒絕所有傳統的教條和教會。然而，一旦他可以

---

1. 唯靈論，宗教和唯心主義哲學的一種學說，主張世界的本源不只是心靈或精神，物質作為心靈的附屬物或產品，只是表象或假象，不真實存在，認為世界具有「世界靈魂」，是一個無所不包的靈魂，即上帝。後來，唯靈論經常被用作唯心主義的同義詞。——譯者注

掃除一切障礙，並且在一個這樣空白的基礎上興建屬於他的教會，它將成為最為獨斷專行的教會。並且，他的宗教裁判所與臭名昭著的托爾克馬達[2]宗教裁判所比起來，將更加殘忍和不寬容。

他說：「學校保持中立這類事件是不能容忍的，我們必須不遺餘力，盡可能運用自己的能力來管制學校，即使我們因此會站在教育自由的對立面。」他之所以還沒有建議搭起火刑架，堆起柴堆，也只是出於禮貌上的考慮，對於這一點，他還必須要進行考慮。然而，即使他已經不能任意懲罰人的肉體了，但是他依然可以利用世俗的權力將他人的學說宣判為死刑，這就是宗教大法官們的見解和主張。他同時還對思想發起了猛烈的攻擊，這個所謂的自由思想者自認為擁有無與倫比的自由精神，他拒絕接受世間的一切哲學，因為那些哲學在他看來不僅是荒謬和怪誕的，更是罪惡的。他是如此的狂妄自負，以至於他認為只有自己才可以絕對地掌握真理，而那些與他意見相左的人，都是面目可憎的魔鬼和全體國民的公敵。他篤信自己的觀點，哪怕是那些主觀臆想的偏見；他更不會懷疑自己思考問題的方式，至於那些不贊同他的觀點或否定神性的人，他認為他們只是在覬覦神聖的權利，或是在借助否定神性來以全新的方式重新詮釋神性，但所有這些全是徒勞的，這只會使人們更懷念過去的神。可以說，某先生是理性女神的信徒，他創造摩洛克神這個讓人無法忍受的神，而創造的初衷是因為他需要將人當作祭祀品。在他看來，只有他本人和他的同道才配享有這種思想自由。不得不說，這個

---

2. 托爾克馬達（Torquemada），西班牙第一位宗教裁判所大法官，他被認為是「中世紀最殘暴的教會屠夫」。——譯者注

見解的前景確實存在引人入勝之處，但是在過去的幾個世紀裡，為了實現它，人們摧毀的偶像已經太多了。

讓我們以自由之名祈禱，並且保持高度的警惕，切忌使那些窮凶極惡的狂熱者成為我們的統治者，因為那樣的後果將不堪設想。

假設神秘主義的信仰已經被理性的無聲力量所掩蓋，我們也就沒有必要再討論革命或政治思想的理性價值了，但出人意料的是，人們依然對此津津樂道。引起我們興趣的只是對他們的影響，至於那些假想的人類平等、人性本善，以及用法律的手段重建社會的可能性等，類似的理論幻想是否已經被觀察和經驗所揭穿，則是微不足道的。無論如何，正是這些空洞的幻想激勵著人們孜孜以求，而這正是人類至今所知的最有力的行為動機。

雅各賓心理的本質

　　儘管嚴格意義上說，「雅各賓心理」（Jacobin mentality）這個術語不屬於正式的分類，但我個人卻對它偏愛有加，原因在於它將一種得到明確界定的精神集合進行很洗練的概括，使之可以形成一種真正的心理類別。

　　對於法國大革命中的人們來說，這種心理狀態發揮重大的主導作用，但是這不意味著這種心理狀態是他們獨有的特徵，事實上在我們當今的政治生活中這種心理狀態仍然是最為活躍的要素。

　　對於神秘主義心理，在前面我們已經進行系統的考察，它實際上是一種雅各賓心理的實質性的要素。然而，它並非是雅各賓心理的唯一構成要素，因此就讓我們來考察其他那些必須要加以考察的因素。

　　事實上，雅各賓黨人根本不認為自己的心理有濃重的神秘主義色彩，他們反而始終都標榜自己堅持的思想指導是純粹理性。整個大革命期間，他們反覆強調理性，將理性作為行動的唯一指南。

　　對雅各賓黨人的精神狀態，大部分歷史學家都採用了這種唯理主義的觀點，泰納[1]也概莫能外，他將理性誤用在探究雅各賓黨人大部分行為的根源中。但是在相關的著述中，他也提出很多前所未有的關於這個問

---

1. 泰納（Hippolyte Adolphe Taine，1828—1893），法國19世紀傑出的文學批評家、歷史學家、藝術史家、文藝理論家、美學家。——譯者注

題的真知灼見，這些見解和其他許多方面一樣非常出色，我在這裡就摘錄其中最重要的部分：

那些過度的自愛或教條論證在人類的本性中屢見不鮮，在所有的國家中，雅各賓精神之所以還可以有立足之地，原因就是這兩大根源，它們往往是祕而不宣卻又堅如磐石的……當一個年輕人在20年前來到這個世界上時，一併被激發出來的還有他的理性與他的自尊。首先，不論他日後要面臨的社會是怎樣的，比起純粹的理性來說，這個社會都是非常可鄙的。因為，任何一個社會都不是恆定不變的，它不是由一個哲學上的立法者依據一定的原則建立起來的，而是綜合了人們多樣而多變的需要，經過長年累月進化而來的。與其說它是邏輯的產物，不如說它是歷史的產物。年輕的理性主義者們總是不屑於那些古老而神祕的建築，他們認為其選址是荒謬的，其結構是殘缺不全的，而不便之處更是非常明顯……很大一批年輕人，尤其是那些立志要有一番作為的年輕人，在離開學校時，他們輕狂傲慢的心態和舉止多少都會沾染上一些雅各賓派的習氣……雅各賓主義借助社會腐敗而氾濫，就好似菌類在發酵的土壤上旺盛繁殖。讓我們來回顧一下這個思想可資紀念的精彩耀眼之處吧，是聖茹斯特和羅伯斯比的政治演講？是國民公會和立憲派的激烈雄辯與爭論？還是山嶽派[2]與吉倫特派冗長的言辭或虛偽的政治報告？那個時代

---

2. 山嶽派，法國大革命期間國民公會的激進派議員集團，其之所以稱為山嶽派，是因為他們在開會的時候坐在議會中比較高的長凳上。1792年秋天，山嶽派作為國民公會中比較溫和的吉倫特派的反對者出現，他們由巴黎和其他城市選出的代表組成，依靠中產階級和無套褲漢的支持，並且與巴黎的雅各賓俱樂部關係密切。——譯者注

滿是信誓旦旦的言論，卻鮮少實實在在的話語，空洞的官場套話和膨脹到了極點的重點淹沒了或許隱藏於如出一轍的演講之下的真理。對海市蜃樓的空幻追求充斥著雅各賓派的頭腦，他們認為，比起真真切切的生活，空想要更為真實，他們唯一能認同的也只有這些虛無渺茫的空想，他們奉獻全部的真誠行走於空想追隨者的行列之中。那些數不盡的形式上的意志和信念統統只是他個人意志的虛幻想像，人們全力以赴地支持他，而他則鶴立雞群，彷彿置身於一場勝利與歡呼的合唱，除了他自己的聲音，其他所有的聲音都只是他的回應而已。

我確實欽佩泰納的描述，但同時我認為在對雅各賓黨人心理的研究中，他沒有徹底切中要害。

無論是大革命期間，還是當下的社會，雅各賓黨人的真實心理都是由許多要素組成的，如果想要全面認識它的功能，就要首先瞭解它的構成要素。

這個分析首先向我們揭示的一點是，雅各賓黨人絕非理性主義者，而是信仰至上者。理性從來不是他信仰的建立基礎，他們用理性來對其信仰加以掩飾，雖然理性主義的陳詞濫調在他們的言論中隨處可見，但是他的思想和行動卻背離了這些理性口號。

如果雅各賓黨人真的可以做到理性言辭與思想行為互相統一，有些情況下也確實可以聽到一些理性的聲音，但遺憾的是，從大革命開始到現在為止，我們經常看到的情況是，雅各賓黨人從未在理性的原則下有所行動，但是也正是因為這一點，他才擁有如此神奇的力量。

又有一個問題擺在我們面前，雅各賓黨人為什麼對理性的聲音充耳不聞？其實答案很簡單，他那過於狹隘的視野和度量使他對理性的事物

表示出強烈的抗拒，而無理智的衝動則完全將其支配。

　　當然，缺乏理性和過分激情這兩個因素還不足以構成雅各賓心理，這其中還包含著其他的原因。

　　激情或許能支撐起信念，但遠遠不足以創造信念。是什麼因素在支撐著真正的雅各賓主義者擁有的堅強信念？我們在前文探討過的神秘主義因素就在這裡發揮其作用了，雅各賓黨人屬於徹底的神秘主義者，依靠語言和口號的魔力，他們用自己創造的新神祇將原有的上帝取而代之了。為了侍奉這些嚴屬的神祇，虔誠的徒眾不介意採取最激烈的措施，當代雅各賓主義者們所運用的法律正是這個事實的有力證據。

　　極端的狹隘和狂熱正是雅各賓心理的特徵，它所代表的是一種狹隘而僵化的心靈，它拒絕接受任何批評，它不考慮信仰之外的任何事情。

　　雅各賓主義者的心靈為神秘主義要素和情感因素所佔據，這使得他們的頭腦變得太過簡單。他們只能看到事物的表面聯繫，無法徹底分清虛無飄渺的幻覺和真實的存在。他們對事物的因果關係置若罔聞，一味沉溺於自己的夢想當中而無法自拔。

　　正如我們所瞭解的那樣，雅各賓主義者尚未超脫於其邏輯理性的發展，由於他們對這種邏輯知之甚少，因此經常面臨險境。那一絲尚存的理性在雅各賓主義者的衝動面前已經灰飛煙滅，被有識之士視為窮山惡水、不宜貿然闖入的地方，他們卻毫不顧忌地就走了進去。

　　所以，儘管雅各賓主義者都是善於言辭的人，但是這不足以說明他們是受理性的引導。他們自認為的理性引導事實上只是激情和神秘主義的支配。與那些對信念堅信不疑，進而迷失於信仰森林中的人一樣，他們永遠不可能認清並擺脫被束縛的困境。

一個好鬥的空想家，這與我們前文所描繪的喀爾文教信徒是何其相似。他們受到信仰的蠱惑，不惜一切代價來追求自己的信仰，在他們狂熱的心中，應該處死那些與教義相背離的人。喀爾文教徒與這些鼓動人心的演說家表現出驚人的相似之處，像雅各賓主義者一樣，他不認為自己被神秘主義所支配，而是堅信理性才是自己的唯一指引，但是事實上，他們正在被神秘主義和激情所控制。

根本不存在真正信奉理性主義的雅各賓黨人，如果將雅各賓黨人定義為理性主義者，我只能深深為理性感到悲哀，但卻很容易理解充滿激情和神秘主義色彩的雅各賓黨人。

構成雅各賓精神的正是這三種心理要素：極微弱的理性力量、強烈的激情、濃厚的神秘主義色彩。

| 第三章 |

革命心理和犯罪心理

革命心理及其特徵

我們提到雅各賓心理時，必須注意神秘主義要素只是雅各賓心理的一個組成部分，而不是全部。接下來，就讓我們來觀察革命心理，這種心理同樣是由神秘主義因素構成的。

浮躁的心理情緒存在於任何時代的任何社會，帶有這種情緒的人往往對社會十分不滿，他們不安於現狀，隨時準備著對抗現有的一切秩序。他們似乎對犯上作亂懷著特殊而濃厚的興趣，一旦他們的願望被某一種神奇的力量所刺激，他們就不惜一切代價孤注一擲。這種特殊精神狀態的起源往往在於個人對其身處其中的環境所做出的錯誤判斷和盲目適應，或極端神秘主義，當然，它也可能只是氣質問題或只是病理上的原因。

反叛心理的強度各不相同，有些只是在語言上表達對人和事的不滿，而有些則表現得十分強烈，甚至到了你死我活的程度。單個的個體在有些時候會表現出難以自控的瘋狂，在俄羅斯，這樣的瘋子隨處可見，對他們來說，縱火或向人群扔炸彈之類的暴行簡直是小遊戲，最終，苦行派及其他類似的教派甚至開始自相殘殺，一般來說，這些骨子裡的反叛者對暗示的影響感觸都十分敏感，同時一些固定的思想也支配著他們的神秘主義心理。儘管他們在外在的行動上表現得精力充沛，但是實際上，在強悍的表象下，他們內心的性格卻是極其軟弱的，甚至軟弱到不足以抵擋自身內在的衝動。神秘主義精神沖昏了他們的頭腦，他

們企圖以此來為自己的暴行辯護，不僅如此，這種神秘主義精神還使他們將自己視為偉大的改革者。

　　一般來說，每個社會都不可避免地會產生一些反叛者，但是在正常的年代，法律、環境或一般社會規則都會約束著這些反叛者，使他們顯得不那麼突出。然而，一旦動亂使得這些約束和限制一下子鬆弛下來，並賦予這些反叛者剛好與他們內心自由發洩相適應的心理，提供一個溫床，他們順理成章地就會成為這場運動名副其實的領袖。對於他們來說，革命的目的和動機不是那麼重要，無論目標是紅旗還是白旗，或者是國家的自由之類他們似曾耳聞的目標，他們都會不顧一切地為之獻身。

　　不是所有的時候革命精神都會被推向危險的極端，如果支配它的不是情感或神秘主義的衝動，而是理性和智識，它極有可能會成為民族進步的推動力。傳統和習慣在有些時候呈現出來的力量強大到令人難以預料的程度，以至於文明也被它們束縛住了，這時，就需要類似於革命的精神來打破這種枷鎖的束縛，並且推動和引導知識上的革命。事實上，科學、藝術、工業等領域的進步更需要具有這種精神的人，這樣的革命者包括伽利略、拉瓦節、巴斯德、達爾文。

　　雖然一個民族不需要如此之眾的具有這種革命精神的人，但是這類人的存在是必不可少的，否則人類恐怕至今還過著洞穴生活，仍然處在那種茹毛飲血、刀耕火種的舊石器時代。這種可以帶來新發現的革命膽識和氣魄不多見，它更需要一種獨立精神和判斷能力，前者可以使人不受世俗陳腐觀念的影響，後者讓人能透過表象看到事物的本質。獨立創造性是這種形式的革命精神的特徵，而此前討論的那種革命精神則具有

強烈的破壞性。

　　所以，我們可以將革命心理理解為是個人在生活中非常普遍的一種心理狀態，一般情況下，它會有益於我們，可一旦超出一定的界限和範圍，它就會演變成危害性極強的病態心理。

犯罪心理及其特徵

　　無論一個社會有多麼文明，但是總會存在一些社會渣滓。這些人之中，有些是無法適應社會，還有些是自身存在一些汙點。遊手好閒的流浪漢、沿街乞討的乞丐、試圖逃避懲罰的逃犯、小偷、騙子及不思進取的下層饑民，成為大都市的犯罪群體。一般來說，這些拖累文明的社會渣滓或多或少都會受到警察的約束和管制，然而一旦革命爆發，這些束縛和管制就會隨之煙消雲散，他們開始變得毫無顧忌、膽大妄為，潛藏於內心的本能在一瞬間獲得盡情地釋放。然而，這些社會糟粕卻成為所有革命中佔有一定比例的新生力量，這些人熱衷於打家劫舍，對於自己宣誓要捍衛的事業，他們是完全不會放在心上的。一旦發現在反革命的對立陣營中可以獲得更多自由燒殺搶掠的機會，他們會立即反叛，臨陣倒戈。

　　革命中，除了這些可以明確定義為罪犯的人之外，還有一個半罪犯狀態的階層。他們是一群會偶爾做些壞事的人，也是心有顧忌的人。如果既定秩序還有足夠的約束能力，他們就不敢貿然行動。然而，一旦固有的秩序稍有破壞，他們的恐懼也隨之減弱，他們就會選擇投身到革命隊伍中。

　　慣犯和偶爾性的犯罪這兩類犯罪群體無論哪種都是一股破壞安定的力量，除了製造混亂，我們看不到他們對社會有什麼貢獻。但是，所有的革命者、宗教團體和政治團體的創立者卻經常利用這一點，千方百計

尋求他們的擁護，以實現自己的圖謀。

我們已經在前文中論述過，在法國大革命期間，這些帶有犯罪心理的人群發揮巨大的作用。他們在暴亂中毫不退縮，衝在最前面，某些歷史學家對此記下了如下的文字：視死如歸的民眾群眾手持長矛——有些時候，長矛的尖上還挑著剛被他們砍下的頭顱，他們勇猛地衝進議會大廳，把他們的意志強加給國民公會。

實際上，只要我們稍微對所謂的這些勇猛的主權民眾代表進行分析，就會知道除了一小部分頭腦簡單、完全屈從領袖的人之外，前文提到的社會糟粕就是這個群體的主體。他們是九月屠殺、朗巴勒公主被殺之類暴行的罪魁禍首，一旦追根究底，他們必然難辭其咎。

這些人撕裂了法國社會，這個過程長達十年，當初的制憲議會到後來的國民公會，都曾經受到他們的壓迫。假設當時這支犯罪大軍被及時清除，大革命的過程也許會由此而出現轉機，甚至出現迥然不同的景象。從始至終這些人都在用鮮血玷汙大革命，理性在他們心中無法產生任何作用，正好相反，他們的許多暴虐行徑表示他們對理性的反對。

第四章

革命大眾的心理

大眾具有的一般特徵

我們暫且不管革命產生的根源是什麼，但假如它無法植入群眾的靈魂中，它就不可能取得成功。從這個層面來說，革命是大眾心理的一個表現。

我已經在《烏合之眾》中詳細論述過集體心理，但我覺得有必要在這裡重申它的主要法則。對個人來講，他在作為大眾群體的一員和在作為孤立的個體時會存在一些極為不同的特徵，群體的無意識人格將覆蓋他有意識的個性。而且對個體而言，不是親歷共同的事件才會產生大眾心理，事實上，由某些特定事件激發出的共同情緒和激情就足以實現這一點。這種集體心理的形成可能只要很短時間，甚至是一瞬間，它表現為一種十分特殊的集合，受一些無意識因素的影響，並且服從於集體邏輯。

大眾的另外一個重要特徵就是他們永遠是最容易受人蠱惑的，總是會輕信他人，對事物極為敏感，對事物沒有深入思考，缺少理性，於是也不可能做出任何反應。他們輕易就可以被斷言、傳染、重複和威信所說服，而完全忽略事實和客觀經驗的存在。

群眾對事物有極為強烈的敏感性，他們的情緒總是特別誇張、特別極端，無論這件事情是好的還是壞的。這種特性在革命期間表現得非常明顯，一點微弱的刺激就可以引起他們採取最狂暴的行動。他們輕信的特點在正常情況下已經很嚴重了，更不用說是在革命時期，隨便什麼說

法都不會讓他們生疑。法國大革命期間發生過這樣一件事，一位詩人遊歷於克萊蒙附近的水泉，半路上，一群人攔住了他的嚮導，原因是他們認為他是受王后的指使來這裡炸毀小鎮的。那個時候，關於王室的恐怖謠言四處流傳，最後王室甚至被誇張為盜屍者和吸血鬼的聚集區。

我們從這些特徵中可以看到，就文明程度而言，群體中的個人已經墮落到非常低的層次。我們甚至可以說他的水準與一個野蠻人相當，野蠻人的毫無緣由的暴躁、熱情和英雄主義都能表現在他的身上。就智力而言，群眾根本不能與單個人相比，但就道德和感情而言，群眾則略勝於個人，群眾極易犯下罪行。

群體的作用有兩方面：它不僅消弭了個人特性，還對個人施加了非常大的影響。例如它使吝嗇的人變得異常慷慨；使存疑者立刻變成堅定不移的信徒；使誠實守法的人墮落為窮凶極惡的罪犯；使生活中的懦弱者變成無所畏懼的勇士，在大革命期間，我們就可以看到這類的事情。

整個集體在會議中做出的判決或要頒布的法律，都是其中的個體永遠也無法料想的。而作為一個集體的構成單位，個人會因為受到集體的薰染和影響而出現一系列的變化，最顯著的後果就是他們在感情和意志上會不斷趨於同質，這種心理上的同質化賦予群眾一種超乎想像的力量。

群體的一個重要特徵就是，其表現出的態度和行為具有強大的感染力、仇恨、狂怒、熱愛之類的情感會迅速向外傳播，並且在極短的時間裡就會得到擁護和反覆強化，進而在精神上形成統一體。

這樣我們就可以解釋這些同質的情感和意志的來源。我們清楚地知道，它們是透過相互感染在群體中傳播的，然而感染的源頭究竟在哪

裡？追究這個問題，我們就會發現，有一個聲音的呼喚會在這種感染發揮作用之前就已經出現，也就是說這種感染有一個原點。於是問題就出來了，如果沒有領袖存在，大眾是不會輕易掙脫原有的桎梏的，他們本來就是一盤散沙，單靠自身是舉步維艱的。

　　如果我們具備大眾心理的知識，並且可以深刻地理解其內在規律，我們就不難為大革命中的許多因素做出解釋，也不難理解革命議會的許多行為及發生在單個成員身上的轉變。群眾在集體無意識力量的作用下，無法瞭解和解釋自己的真實意圖，通常會投票贊成那些原本站在他們立場上會反對的決議。

　　從歷史來看，一些目光深遠、手段高明的政治家在有些時候會憑藉直覺識破集體心理的定律，但政府部門中的大多數人卻缺乏對這些定律的認識和瞭解。也正是因為這一點，這個群體中的大多數人才被輕易趕下了台。我們知道，有些政府甚至會被一些堪稱微小的動亂所顛覆，例如路易・菲利普的君主政體就非常典型，這讓我們感到難以理解，然而實際上，這只是忽視集體心理造成的結果。

　　1848年，法國的軍隊戰鬥力非常強大，從其軍力上來說，足以保衛國王的安全。但從民眾群眾摻雜在軍隊中開始，形式就慢慢發生轉變，遺憾的是，法軍統帥完全沒有意識到這會造成什麼樣的後果。因此最終的結果就是，在群眾的暗示和傳染下，軍心開始動搖，法軍的統帥不知所措，最終倉皇離職。導致這種結果的原因在於，他不瞭解群眾對威信有多大的敏感程度，假如讓群眾遠離軍隊，讓他們無法瞭解軍隊的實力，軍隊就會對他們產生強烈的威儡作用，反對派也不敢興起事端；與此同時，他還忽略一個事實，即應該立即驅散一切集會。但是在1848

年，卻沒有人重視它，實際上，誰又可以在大革命時期真正理解大眾心
理？

大眾心理的動搖，受到民族精神穩定性的限制

　　民族可以定義為一個具有某種共同特性的群體集合，但是這些特徵的變動受到民族精神或民族心理的限制。民族精神具有一種確定性，而一個群體的短暫心理不具備這種確定性。當經過漫長的歷史演變和發展，一個民族的傳統精神得以形成之後，這種精神就會潛移默化地對群眾精神施加控制作用。

　　民族與群眾的不同之處主要在於民族是由一些各不相同的群體組成的，這些群體的利害關係又各不相同。而嚴格意義上說，群眾則是不同社會最小單位（個人）組成的。例如在一次群眾性集會中，我們就可以找到各種各樣屬於不同社會集團的個人。

　　在一些極特殊的情況下，民族也會和群眾一樣，易變且波動較大，這不意味著民族精神是不牢固的，因為在易變性、熱情、狂暴及毀滅性的背後，民族精神的頑強和保守本能也隨時得以突顯。在大革命及其後一個多世紀的時間裡，我們可以看到保守的民族精神是怎麼最終戰勝破壞精神的，在政府體系被革命、動亂等接連不斷地打破後，人們又是如何接連不斷地將它們一一恢復秩序的。如前文所述，穩定性和不易變化的特徵是民族心理不同於大眾心理的地方。對民族心理發揮作用的方式是間接的、漸進的，例如會議、演講、雜誌、書籍等，而說服民族心理的原則我已經在標題中列出來了，就是諸如不斷地重複、斷言、聲望、

感染等。雖然在極少數情況下，精神的傳染會迅速向整個民族傳播，但是在多數情況下，它的影響是緩慢的，它慢慢地由一個群體傳染到另一個群體，宗教改革就是透過這種方式在法國進行傳播的。

民族不同於群體，不會輕易受到蠱惑、情緒激動，但是在有些情況下也有例外，如國家尊嚴受到侵害或遭到外敵侵略等情況，這些事件極有可能立即喚醒這個民族。大革命時期，這種現象可以說是非常常見的，尤其是在布勞恩斯魏克公爵宣讀他那篇狂妄的宣言時，法蘭西民族的民族意識可以說在驟然間就達到頂峰。在企圖以武力震懾這種民族意識時，公爵其實已經惹了眾怒，犯下無可挽回的錯誤，其原因就是他對法蘭西民族的心理全然不知。布勞恩斯魏克公爵的這個舉動不僅極大損害了路易十六的聲譽，而且也使他本人玩火自焚。他的干涉激起全法國民眾的憤怒，激化了當政者與法國民眾的衝突，人們因此迅速組建起一支義勇軍奔赴戰場。

縱觀歷史我們不難發現，無論在哪個國家，這種整個民族同仇敵愾的情緒通常是在一瞬間爆發的。例如在大舉入侵西班牙和俄羅斯時，拿破崙就低估甚至忽視由愛國熱情而引爆的強大力量，他或許可以輕易瓦解一群烏合之眾的薄弱心理，但是在面對歷史悠久的民族精神時卻一敗塗地。有一種說法是，俄國的農民無論對什麼事情都十分冷漠，他們的天性就是粗野且狹隘。但是，聽聞拿破崙要入侵自己國家的時候，他們立即變換了性情。只要看一下沙皇亞歷山大一世的妻子伊莉莎白所寫的一封信，我們就會對這個事實深信不疑。

自從拿破崙的大軍抵達我們的邊境，這個消息立即在俄羅斯全境掀起狂瀾。消息散布於這個廣闊疆域的每一個角落，而且激起整個帝國

子民的強烈憤怒，一旦這種憤怒的吶喊聲響起來，這種怒吼即使在地球的另一端也可以聽到回聲，對此我深信不疑。這種感情隨著拿破崙的入侵越來越強烈，甚至連那些失去了全部財產或幾乎失去全部財產的老人們都說：「我們絕不能接受恥辱的和平，必須起來奮戰。」那些親人們在軍隊服役的婦女們也大義凜然，在這關鍵時刻，她們置個人的安危於不顧，她們唯一害怕的就是恥辱的和平。雖然和平很美好，讓人心生嚮往，但是對於目前的俄羅斯來說，這種形式的和平無異於一張催命符，帝國子民在這一點上是絕不會退縮的。沙皇本人也從未想過與拿破崙媾和，即使他有這種想法，群眾的民族意識也絕不能容忍他這樣做，這就是我們英勇的立場。

不僅如此，王后還給她母親講述了這樣兩個故事，這兩個故事會讓我們更深刻地瞭解俄羅斯人頑強抵抗精神：

在俄國的首都莫斯科，入侵的法國士兵抓住了一些不幸的農民，為了補充兵員的不足，他們企圖強迫這些農民留在自己的部隊裡服役。法國士兵在他們的手上打上了戎裝戰馬的烙印，其中一個不解的農民問士兵這個標誌的含義，當被告知這意味著他已經是一個法國士兵時，這位俄國農民大叫道：「什麼？我是一名法蘭西帝國的士兵？我怎麼可以成為法國人的士兵？」說罷，他立即將烙有印痕的那隻手用短柄斧子砍了下來，並且把那隻斷手扔到法國士兵腳下，決絕地對他們說：「拿走吧，這就是你們所要的標誌。」

另外一件事同樣發生在莫斯科。法國運送糧草的部隊和正規部隊的分遣隊被一些俄國村民襲擊，在這場戰鬥中，20個俄羅斯農民不幸被法國人抓住了，法國士兵準備將他們就地槍決，以儆效尤。他們讓那些

農民靠牆站成一排，用俄語宣讀對他們的判決：這些人也可以不必死，只要跪地求饒，選擇向法蘭西帝國臣服，他們就有活命的機會，如若不然，他們都將會被處死。法國人開槍打死了第一個人，他們在等待著其餘的人因為恐懼而向他們求饒，但是他們沒有等到他們所盼望的屈服。面對槍口，俄國農民沒有任何反應，於是法國人繼續槍殺俄國農民，第二個、第三個一個個接連倒下，直至最後一個農民被處決，但沒有一個農民選擇向敵人跪地求饒。

在這裡，我們必須要說明的是，基於大眾心理的各種特徵，所有的民族無論在什麼時代，都或多或少不免受到神秘主義的影響。人們總是對諸如政府、偉大的人物、神祇等那些虛幻的存在堅信不疑，認為他們擁有可以隨意改變事物的魔力。事實上，每個人都有一種偶像崇拜的需求，只不過程度不同，而神秘主義心理正好滿足了人們的這個需求。所以這樣的現象就會經常出現，當受到無政府狀態的威脅時，人們就會迫切企盼出現一位偉人或者救世主來拯救他們於水深火熱之中。

有趣的是，民族還具有一個和群眾相同的特徵——異變，這種特徵使得他們很容易將一個對象由崇拜轉變為憎恨，然而這個發展過程是非常緩慢的，於是這樣的情況在歷史上就屢見不鮮了：在某個階段，一個人受到人們的崇拜，被視為救世主和民族英雄，可到了最後他又往往被人們無情地詛咒和憎恨。無論在哪個時代，大眾對政治人物的態度發生逆轉都是尋常可見的，克倫威爾在蓋棺定論之後，生前死後的榮辱變幻就是一個十分典型的例子。

領袖在革命運動中的關鍵作用

正如我們所強調的，群眾總是一群散沙。不論是同質的還是異質的群眾，無論是議會、民族還是俱樂部等，如果沒有一個強有力的領袖來領導他們，他們人數再多也只是無組織群眾，根本不能團結在一起，也沒有行動力。

只要做一些心理學實驗就可以發現，在其他地方，群眾的無意識集體心理與領袖的心理之間存在十分密切的聯繫。領袖將自己的意志賦予群眾，並且要求他們無條件服從。

說到領袖影響群眾的方式，暗示通常是最有效的，成功或失敗都取決於他所激發的這種暗示方式，可以透過許多實驗來證明一個集體對暗示的服從程度。群眾會對領袖們暗示的影響做出各種各樣的反應：鎮定或狂怒，罪惡或英勇，當然這些暗示有時也會激發出理性的一面，但這只是一種停留在表面上的理性而已。實際上，群眾只善於模仿，但不善於挖掘，因此是很難向著理性的方向走下去，唯一能對他們產生影響的只有透過想像的形式而激發的情感。

群眾受到不同領袖的影響和刺激時，就會給出各種不同的過激行為，這樣的事情在法國大革命的歷史上數不勝數。我們清晰地看到，對

---

1. 埃貝爾（1757—1794），法國大革命期間的政治新聞工作者，巴黎「無套褲漢」（極端激進的革命份子）的主要發言人。——譯者注

於埃貝爾①派、丹東派、吉倫特派及恐怖主義者的陸續勝利和垮台，群眾一律感到歡欣鼓舞，這種興奮是無差別的。也就是說對於這些走馬燈似的政治事變，群眾根本沒有真正的認知，至於這些事變究竟會產生什麼樣的後果，他們更是漠不關心。

對於這些領袖所扮演的角色，我們也只能一知半解，因為一般來說，他們都是幕後的操縱者。如果我們將他們放到當時的環境中來進行研究，我們就會深刻領會到這一點，領袖們可以不費吹灰之力就煽動一場十分激烈的群眾運動。在這裡，我們暫且不考慮郵電工人罷工或是鐵路工人罷工之類的小事件，因為在這些事件中，只是雇員不滿於當前的狀況，群眾不會廣泛參與。我們還是用例子來說明——巴黎平民群眾的一場騷亂，就是由少數幾個社會主義領袖發起的。

費雷爾在西班牙被處死了，這本來是非常微小的一個事情，在此之前，法國民眾從來沒有聽過費雷爾此人，即使在西班牙也很少有人關注他的死刑。但是在第二天，少數幾個群眾領袖卻藉此事件在巴黎煽動起一支民兵衝進西班牙大使館，並且意欲焚毀大使館，以至於政府被迫派出一部分衛戍部隊特別來保護大使，儘管最後成功擊退了這些攻擊者，然而他們仍將一些房間洗劫一空，並且還設置了一些路障，最後毫髮無傷地走掉了。而接下來發生的一切足以讓任何人目瞪口呆。在意識到焚燒外國使館所釀成的不可估量的後果之後，領袖們在第二天就改變了行動策略，選擇以和平的示威取代原先的暴行。對此，群眾自然是百般順從，和他們當初接受指令發動暴亂沒有分別。從這兩個事例中，我們不難看出領袖的極端重要性及群眾對領袖的無條件服從。

從米什萊到奧拉爾，這些歷史學家們都認為革命大眾可以在無組織

的情況下自動發起並運行，但是這只能說明他們對革命大眾的心理沒有深刻的認識和理解。

第五章

革命議會的心理

革命議會具有的心理特徵

　　國會這樣大的政治議會本質上也是一個群體，只不過這個群體中通常都會派系林立、衝突尖銳。因此，就算它無法及時採取有效行動，也是合情合理的。然而，正是因為存在這些受到不同利益驅使的派別，我們必須要關注一個問題：一些下級群體構成一個議會，而這些異質的群體只對各自的領袖表示服從。大眾心理規律所能發揮的作用只限於派別內部，這些議會中不同的派別會因為同一個目標而採取相同的行動，如非特殊環境，這種情況是不會有例外出現的。

　　政治派別在議會中是獨立存在的，而一旦成為某個派別的成員，個人意志將無條件屈從於集體的意志，哪怕與集體意志背道而馳，個人也必須無條件地服從。我們有一個很好的例子：在審判路易十六前夕，韋尼奧堅決反對投票贊成路易十六死刑的建議，然而他在第二天就投了一張贊成票。所以，這個群體的作用其實就是將那些猶豫不決的意見確定下來，一旦軟弱無力的個人信念轉化為集體信念，就會變得如磐石般不可動搖。某些情況下，一位擁有極高聲望的領袖或一種非比尋常的暴力，都可以影響到議會中的全部派別，並且將其他派別吸納到自己的派別中來。例如：國民公會中的大部分成員受到一小撮領袖的影響，投票贊成那些與自己意志完全相反的法律。

　　集體還有遇強則弱的特徵。在整個大革命議會的歷史中，儘管那些議員們可以對國王橫加指責，但是在面對暴民領袖時，他們立刻又變成

溫順的綿羊。當一幫狂熱之徒在不可一世的領袖的指揮下，瘋狂地衝進議會並發出威脅時，這些議員們通常當場就會選擇投票通過那些十分荒謬、漏洞百出的議案。也就是說，一旦一個議會團體具備群眾的特徵，它就會變得和群眾一樣，一方面表現得極端暴虐，另一方面又表現得怯懦不堪。他們會在在弱者面前頤指氣使、飛揚跋扈，在強者面前又低聲下氣、卑躬屈膝。想當年，年輕的路易十四意氣風發地揮舞著鞭子發表他簡短的演說時，議會是如何的卑微恭順；路易十六大權旁落、無力還擊時，制憲議會又是何等的傲慢無禮！

因此，我們從心理學角度來反思歷史時就會發現，君主在權勢漸微的時候，召集議會絕對是一個錯誤的決定，這個特徵已經成為一條普遍的法則。路易十六就因召開三級會議走上斷頭，而亨利三世在當年被迫離開首都巴黎後，決定在布盧瓦召集等級會議，這個愚蠢的做法差點使他丟掉了王位。事實上，一旦意識到國王的軟弱無力，等級會議的代表們就會自命不凡並以上位者自居，他們會命令國王修改賦稅，解散政府官員，並且宣稱他們的決定具有與法律同等的效力。

在大革命時期的所有議會中，我們都能找到這種愈演愈烈的暴動情緒。剛開始的時候，制憲議會極為崇拜和尊敬王室的權威及其特權，但後來它選擇不再臣服於王室，聲稱自己擁有至高無上的權力。起初，國民公會還處在比較溫和的狀態，但很快它的恐怖形式就開始初露端倪，即使當時國民公會擁有很大的權力，但是在進行判決時還需得到某些法律程序的保證。但是很快，在它頒布的法律中，被告被徹底剝奪了辯護權力，單純依據指控就可以輕易地給嫌疑人定罪。國民公會的狂熱和暴虐愈加百無禁忌，他們自己也走上滅亡的道路，埃貝爾派、丹東派、吉

倫特派及羅伯斯比的追隨者們被一批接一批地送上斷頭台，他們也因此而終結了自己的生命。

　　為什麼議會走的道路總是與其初衷背道而馳？極端的情緒就是以上問題的最佳答案。保王主義者、制憲議會、天主教徒的代表們起初決意建立君主立憲政體，以此保衛宗教信仰，但結果卻完全背離了他們的初衷，法國將在他們的指引下走向一個暴虐的共和政體，教士也受到慘絕人寰的迫害。

　　各種政見不一的派別組成政治議會，但是有些時候它們也可能是由同質的派別組成的，發出的是同樣的聲音。某些俱樂部就是其中典型的代表，這些俱樂部在法國大革命期間產生的作用是不可估量的，我們有必要詳細考察它們的心理。

革命俱樂部具有的心理特徵

在信仰、利益一致的情況下，透過淬煉並統一其成員的情感和意志，一些小的社會團體的成員可以消除那些對自己情感和意志不利的聲音。這類小團體包括法國大革命時期的宗教集會、公社、市政社團、俱樂部，19世紀上半葉的祕密結社等。

要真正理解法國大革命的過程，我們必須把握異質團體與同質俱樂部二者之間的差異。直至督政府時期，大革命還被操控在這些俱樂部手中，尤其是在國民公會期間。在沒有派系對立的情況下，雖然這些俱樂部能實現意志的統一，但是它們仍舊無法逃脫大眾心理學的規律。與其他群體一樣，領袖依然是俱樂部的靈魂，這一點的最好證明是羅伯斯比所控制的雅各賓俱樂部。在一個由同質群體組成的俱樂部中，由於成員們在感情和利益上是趨同的，所以就要求有一個具備超凡能力的領袖來領導他們，否則反而會失去自己的地位。領導異質群體就輕鬆得多，只需要採取不多的手段就可以實現控制。所以說，同質群體的領袖應具備比異質群體領袖更多的功能和實力。

為什麼同質化群體有如此大的力量？我們可以將部分原因歸結於他們是匿名的。我們還是舉例來看吧。1871年巴黎公社期間，幾個匿名者的命令就足以焚毀巴黎最好的紀念性建築物：市政廳、審計法院、杜樂麗宮、榮譽勳章獲得者紀念碑等。一個匿名委員會發出「焚毀財政部，焚毀杜樂麗宮」的簡短命令，而這個命令很快就得到執行。羅浮宮及其

藏品也差點毀之一炬。巴黎的那些俱樂部和起義者公社的權力在法國大革命期間達到巔峰，令人難以置信的是，在當時的情況下只要這些機構發出一紙命令就足以推翻一個議會，它們甚至只需憑藉一路軍隊就可以直接實現其統治。

在其他章節中，我們將看到民眾入侵議會的頻繁程度，據說，面對這一小撮起義者傲慢無禮的要求，議會總是百依百順。在政府問題上，國民公會很早就意識到同質群體要優於異質群體，在此基礎上，它選擇將自己分為若干個由為數不多的成員組成的委員會，如救國委員會、財政委員會等，在大議會中組建一系列小的委員會，一般情況下，它們只聽從來自俱樂部的命令。

到這裡，我們已經對群體成員的意志產生的影響有了一個很明確的認識。

這個影響在同質群體中的影響是巨大的，對於異質群體來說，儘管這種影響會有所減弱，但仍是十分重要的，這或許也是議會中處於弱勢的群體會被較強大的群體控制的原因，當然原因也可能在於議會中每一個成員受到某些具有傳染性的感情的感染。

發生在1789年8月4日的夜晚的事情，是大革命群體影響絕佳的證明。貴族們投票通過了其中一位成員所提出的關於廢除封建特權的決議。這是一個震撼性的決議！就像我們都知道的，教士和貴族拒絕放棄他們的特權正是大革命爆發的一部分原因，也就是說，最初他們拒絕放棄特權，但是到後來又選擇主動放棄特權，是什麼原因導致他們轉變觀念的？事實上，這個原因不複雜，只是在人們集結為群體時，個人的意志和行為被這個群體的行為所替代，對個人而言，每一個貴族成員都不

會自願放棄其特權。

　　為了說明議會對其成員的這種影響，聖赫勒拿島（Saint Helena）上的拿破崙曾徵引過一個奇怪的例子，他說：「在這個時期，如果你發現你親身接觸的人的一言一行與你所聽說的大相逕庭，你根本不需要為此感覺奇怪。例如：蒙日看起來就像是一個魯莽的暴徒，因為在戰爭爆發伊始，他在雅各賓俱樂部的講壇上宣布要將自己的兩個女兒下嫁給最先受到敵人傷害的兩個士兵，他要親眼目睹貴族們被施以嚴厲的懲罰等。然而事實上，蒙日在生活中是個非常軟弱的人，他甚至不敢看殺雞，更不用說讓他親手殺一隻雞了。」

一個關於議會中情緒不斷激化之原因的嘗試性解釋

對於集體情感，或許我們可以嘗試透過一條曲線來剖析。這條曲線會歷經緩慢上升、急速攀升，到最後直線下降的過程，而且可以測量。我們可以將這個曲線的方程式稱為集體情感變化的方程式，它清晰且極具條理性地反映集體情感在受到持續刺激後發生變化的全過程。

或許有人會說，既然心理學的規律類似於力學規律，在同一維度上某一原動力持續作用於情感，這種情感的強度就會快速增加。但是事實上沒有這麼簡單。例如：我們知道，類似地心力這樣在維度和方向上恆定的作用力，對一個物體的引力作用將會產生一種加速度運動。

儘管這種解釋適用於受到一種持續刺激的情感而產生的加速度，但為什麼這種加速度的作用最終會消失，我們現在卻無法給出解釋。但是，如果引入心理學的因素，這個結果也就易於理解了。正如我們所知的，快樂如同痛苦一般，一旦超出一定的限度就會適得其反，而且，即使是再美好的情感，一旦過於激烈就會讓人感覺麻木。過量的歡樂、痛苦或努力是我們的有機體無法承受的，更無法長久地承受這種極限。同理，在緊握測力計時，當能量在短時間之內消耗殆盡之後，我們就不得不突然把手鬆開。

在研究議會中某些群體情感迅速消失原因時，我們發現一個意外的事實，那就是除了那些依靠自身實力和威望而居於優勢地位的派別之

外，還有其他的派別，但是這些派別的情感隱藏了起來，這是因為他們受到優勢派別的力量或威望的限制。但是如果有什麼突發事件使優勢派別的力量突然間被削弱，這時敵對派別就會因為那些蓄積已久的情感的突然爆發而佔據上風，山嶽派在熱月①之後所犯下的就是這樣的錯誤。

因為情感和神秘主義因素的演化才是心理現象產生的條件，因此類比心理現象的規律與物理現象的規律不是一種嚴謹的做法。但是，我們如果無法進一步瞭解大腦功能的機制，它們也就僅限於此了。

---

1. 熱月，法國共和曆的第十一個月。它一般（對於某些年份，有一兩天的差異）對應於格里曆的7月19日至8月17日，也大致涵蓋太陽穿越黃道十二宮獅子座的時期。——譯者注

第三卷

法國大革命的起源

第一章

歷史學家對法國大革命的看法

研究大革命的幾個歷史學家

　　算起來法國大革命已經過去一百多年了，但是有很多東西沒有隨著時間的流逝而改變，例如說一個世紀的時間也無法彌合人們之間的分歧，他們仍舊不能坐下來平心靜氣地討論它，此外對於大革命的認識仍然存在諸多不一致的地方：梅斯特爾把它看作「一項魔鬼的事業」；而在當代雅各賓黨人的眼裡，它是賦予人類新生的偉大運動。

　　僑居法國的外國人認為就連法國人自己都很難把法國大革命說清楚，更何況是對法國歷史不熟悉的外人！巴雷特・溫德爾（Barrett Wendell）就曾經寫道：「幾乎在所有的角落，這個記憶及其傳統都擁有超凡的魅力，更讓人注目的是，它們不僅可以掀起人們的熱情，也可以激起人們的仇恨，人們總是帶著各種極端的派性精神來看待它們。對法蘭西越是瞭解，你就越會發現，就算到了今天，法國人仍舊未能找出一項對大革命客觀公允的研究成果。」必須說明，巴雷特的這個看法論述得十分準確，如果想要絕對客觀公正地解釋某些歷史事件，就要確保這些往事不會再產生任何現實的後果，並且不能涉及政治信仰或宗教信仰，而我們已經論述過，不可避免地，這些信仰總會產生一些不寬容因素。

　　所以，我們不可避免地要面對歷史學家天差地別的評價：有些人認為法國大革命是歷史上最邪惡的事件之一，但是其他人卻將其視為是最偉大的事件之一。所有研究法國大革命這個課題的歷史學家們，都認為

自己做出的是客觀而公正的研究和描述，但是事實上，如果有人進行細緻考察就會發現，他們的研究和理論充滿分歧，論證方式更是簡單得驚人。雖然相關文獻多如牛毛，但其中的內容卻充滿矛盾，這是因為他們總是有意無意地選擇很容易就可以證明各自的理論。

梯也爾（Thiers）是老一輩中研究大革命極具天分的歷史學家，但是與米什萊等人一樣已經不再受人關注。這是因為他們的學說缺乏系統性，著作中經常出現陳舊的歷史宿命論的觀點。梯也爾認為大革命爆發的原因在於百年來一直實行的君主專制，大恐怖則是外敵入侵所造成的。在他看來，長期的專制統治導致1793年的過激暴力行為，然而他又宣稱國民公會的暴政在歷史上本沒有發生的必要，暴政只是阻礙了大革命事業的發展；米什萊則將大革命簡單地看作他所盲目崇拜的民眾的事業，並且對它大加讚譽，當今社會仍然有許多歷史學家效仿他們。雖然這些歷史學家的聲譽都被泰納給抹殺了。儘管對大革命滿懷同樣的激情，但泰納的研究中卻充滿真知灼見，他的輝煌成果是不可取代的。但是，無論是多麼完美的著作也難免會存在一些瑕疵。例如：泰納的敘事能力雖然很突出，但是他試圖依據理性邏輯的準則判斷一些事件的方法卻不是那麼高明，因為理性根本不能支配這些事件，這個方法註定是行不通的。他在運用心理學描述事實方面取得了卓有成效的成績，但是在對事實進行解釋時他卻顯得有些缺乏底氣。僅僅將羅伯斯比定位為迂腐的知識份子不足以解釋為什麼他能擁有凌駕於國民公會之上的絕對權力，能進行長達數月的慘絕人寰的大屠殺。可以說泰納的研究雖然洞若觀火卻分析不夠透徹。

即使如此，他的著作仍舊充滿洞察深刻的見解，時至今日，還不

曾有人能望其項背。我們可以從他與正統雅各賓派忠實辯護者的一場筆
仗中，窺見他的巨大影響。當代主教、巴黎大學的奧拉爾教授——這位
雅各賓派忠實的辯護者花費兩年的時間完成一本小冊子，將矛頭指向泰
納，其字裡行間浸潤著強烈的感情。然而，他只是用了兩年的時間對少
量材料上的錯誤進行修正，與整體內容無太大關聯。但是柯欽先生認
為，奧拉爾經常受到自己引證的資料的蒙蔽，奧拉爾引用的材料是不可
靠的。

　　但是不管人們怎麼看待大革命，泰納學派與奧拉爾學派歷史學家之
間必然存在不可彌合的分歧。因為在後一派學者的觀念裡，民眾是至高
無上的，是值得謳歌和讚美的英雄，但前一派的學者認為，一旦這些至
高無上的民眾打破社會約束、釋放出自己的本能，就會因此而蛻化為原
始的野蠻人。

　　儘管奧拉爾的理論與大眾心理學清楚地指出大革命的本質，但現代
雅各賓黨人對它依舊充滿崇拜和尊敬之情，在他們心目中，它如同宗教
信條一樣神聖。他們將大革命的歷史以信徒的方式記述下來，並且將那
些虛幻的神學家的論證和觀點視為博學的著作。

大革命中隱含的宿命論

　　無論是大革命的擁護者或是詆毀者都必須要承認一個事實：在革命事件當中，天命是不可違背的。在《大革命史》一書中，埃米勒・奧利維耶完美地繼承並且並且整合這個理論，他在書中這樣寫道：

　　所有人都必須承認這一點，即我們不能將過錯歸結到那些已經離世的人或劫後重生的人身上。因為僅僅憑藉單個人的力量是不可能改變事物的要素和預見事件的發生的，因為事實上它們源於事物的本性及其所處的環境。

　　泰納也支持這種觀點：在三級會議[1]（The States Ceneral）召開之時，就已經決定觀念與事件的過程，而且是可以預期的。當代的另一些作者與泰納持相同的觀點，儘管他們對革命的暴力表現出強烈的憤慨之情，但是他們同樣相信這種宿命論。首先，索雷爾回顧博須埃[2]關於古代革命的格言「我們如果只將事情的特殊緣由列入考慮範圍，所有事物都將出人意料。但是實際上，它們只不過遵循正常的發展規律進行而

---

1. 三級會議，法國中世紀的等級代表會議，參加者有教士（第一等級）、貴族（第二等級）、市民（第三等級）三個等級的代表。三個等級不分代表多少，各有一票表決權。通常是國家遇到困難的時候，國王為尋求援助而召集會議，因此會議是不定期的。——譯者注
2. 博須埃，17世紀中葉，法國著名神學家。——譯者注

已」，隨後，他表達一種模糊的意見：「一些人認為大革命傾覆了舊歐洲世界，另一些人認為它使舊歐洲死灰復燃。實際上，這場革命是必然會發生的，它產生的結果全部都在意料之中，這可以用這段歷史進行驗證，也可以用舊制度的慣例加以解釋。」

這兩次革命無論是治理國家還是對公民權利進行立法，我們都會發現革命本身沒有創造出什麼，人身權、財產權或者自由這些在別的情況下同樣也可以出現，或者說可以在那些我們稱之為正常的年代裡產生出來。

那條老定律因為這些論斷再次讓我們注目——一種現象只是先前現象的結果而已，從這樣的一般性命題中我們得到的啟示不會很多。我們只能將理論家們所採納的宿命論③原則（the principle of fatality）作為一種參考，但是不能試圖用這個原則對過多的事件做出解釋。我已經在其他地方探討過這些所謂天命的意義，其中我也提到過，只有盡力擺脫這些天命的控制，才有鑄就文明成就的可能。沒錯，歷史上諸多事件的發生都具有必然性，但歷史上同樣出現一些本不該發生卻發生的偶然性事件。在聖赫勒拿島，拿破崙曾分析過可能毀滅他偉大事業的6個環境因素，其中，他提到1786年在奧克茲納洗浴時倖免於難。想像一下，拿破崙如果在當時喪命，另一位將軍將崛起並取代他，也極有可能如他一般成為獨裁者。然而即使有這樣的可能性，但是他能擁有拿破崙那樣的軍

---

3. 宿命論，人生中已經註定的遭遇，包括生死禍福、貧富貴賤，或是相信所有事情都是由人類無法控制的力量促成的。相信宿命論的人認為，世間發生的每件事情都是註定的，由上帝或上天預先安排，是人類無法改變的。——譯者注

事才能和政治眼光嗎？有能力像拿破崙一樣橫掃歐洲各國的首都嗎？帝國的功績和結局會是什麼樣？

　　或許我們可以將大革命視為一種必然，但前提是我們應該認識到這是一場耗費了大量資源和人力的鬥爭，它發生在那些抱有全新理想的理論家與支配著人類，但尚未為人理解的經濟、社會和政治規律之間。理論家們正是因為沒有理解這些規律，才使得他們試圖指導事件過程所付出的努力歸於失敗，最終，他們遷怒於自己的失敗並訴諸暴力。他們頒布法令宣布所謂的指券④的紙幣應該成為黃金的等價物，但是這種貨幣的虛擬價值仍舊狂跌至一文不值。他們頒布實行最高限價法令，結果卻助長了他們意欲撲滅的罪惡。在國民公會，羅伯斯比宣布：「每一個生活貧困的平民都可以從由富人提供的公共財政中領取開支」，但是即使頒行了這樣的命令、即使增加了斷頭台的威脅，國庫依然空無一物。

　　大革命中的人們在打破人類所有的限制之後才在瞬間覺醒，發現一旦這些限制煙消雲散，這個社會就會處於完全的失控狀態，根本就無法正常運行。然而，他們打算建立新的規範時，又意識到即使是最強有力的社會，再加上斷頭台的暴力威脅，也不可能完全取代人們頭腦中牢不可破的思想。雖然許多在大革命中發生的事件，其結果看起來存在必然性，但其實這也不是不可改變的，與其說這些結果是由環境造成的，還不如說是雅各賓主義的必然結局，而且本來發生的事情與實際上發生的

4.　指券（Assignat）一詞是指1789年到1796年期間，法國大革命時期發行的可以作為貨幣流通的有價證券，是資產階級掠奪國有資產、進行商業投機、掠奪下層群眾的工具。——譯者注

事情之間存在天差地別。如果路易十六選擇了妥協，抑或制憲議會在群眾起義時表現得不那麼軟弱無力，大革命還會按照原來的軌跡發展下去嗎？只有在以暴力不可避免的名義下，革命宿命論才可以在為之辯護時有用武之地。

　　因此，我們一定要清晰地認識到隱藏在宿命論教條背後的愚昧無知。在科學未能普及時，大自然支配著我們的命運，但是時至今日，科學水準的不斷提高讓我們有條件逐漸擺脫這些命運的支配。正如我們在其他地方指出來的那樣，我們不得不依賴那些精英人物來消除這些宿命與定數。

當今大革命研究者的猶疑

我們在前文已經分析對某些歷史學家的思想和對大革命的觀點。因為受到其信仰的限制，他們的考察往往浮於表面，在保守派作家看來，大革命無異於一場噩夢，但是自由派作家卻極力為大革命的暴力現象進行辯解。

值得慶幸的是，我們如今對大革命的研究已經越來越心平氣和。例如：以往那些鼓吹大革命的自由派作家們也願意重新認識大革命了，這種新的心理狀態，從最近一些作者的如下摘錄中我們可以看到一些。一度大肆渲染大革命功績的阿諾托就曾發問：「為大革命的結果所做出的犧牲和付出的代價是不是太高了？」而且他還補充道：「從長久的歷史來看，對這個問題做出明確的答覆並非易事，而且這種遲疑不決還將持續較長的一段時間。」而另外一本書中，作者馬德林提出類似於阿諾托的疑問：即使在我內心的深處，我也認為自己缺乏信心對這個複雜的現象做出絕對輕率的判斷。我發現，我甚至不能做出一個簡短的判斷，我覺得，這個事件的起因、事實及結果都是充滿爭議的話題。

對於法國大革命，外國歷史學家的評價和研究總是顯得非常苛刻，但是我們憶起歐洲在法國發生巨變的20年中遭受的痛苦時，對此也就不會有什麼怨言了。在這些外國歷史家中，德國人表現得最為苛刻，弗居洛對他們的認識和觀點進行如下總結：

對於法國大革命，讓我們來進行坦誠的探討，因為愛國主義的首要原則，就是必須說出自己國家的真實情況。德國人對於法國的觀點是這樣的：這個民族以往高舉「自由」「博愛」之類的輝煌旗幟，但是事實上，在長達15年的時間裡，它一直飽受蹂躪、謀殺、掠奪、欺詐和壓迫的困擾。現在這個民族如今又打出了相同的旗號，組建一個所謂的「民主政體」，這個「民主政體」做了什麼？他們專橫暴虐、肆無忌憚，讓人們避之唯恐不及。這就是德國人在法國看到的及他們對法國大革命的解讀，我們可以肯定地說，只要隨手翻看一下他們的書籍和報章，就可以看到他們這樣類似的觀點。

這個殘忍嚴酷的政府確實做了很多令人髮指的事情，它竟然將正值花季的少女、年過八旬的耄耋老人和懵懂無知的兒童處以絞刑，它毀滅了法蘭西，但是我們不得不承認，它在軍事上成功擊退了歐洲各國的入侵。被送上斷頭台的還有奧地利的公主、法國的王后，另有一位公主，在數年後嫁給了一個成為皇帝的陸軍中尉，這些都是無法迴避的悲劇。從這段歷史中汲取教訓是心理學家們應該首先做到的一點，然而遺憾的是，時至今日沒有多少人對此給予過多的關注。但是或遲或早，他們總會發現，只有徹底拋開那些虛構的理論，從實驗室中走出去，並且將研究對象轉向我們周圍的事件和人物，心理學才有取得進展的可能。

存在於歷史研究中的客觀性

　　公正無私被歷史學家看作最本質的品性，事實上，每個歷史學家們都向我們信誓旦旦地保證說他們是公正無私的。但是以我們看到的，在看待和研究歷史事件時，歷史學家們沒有一個嚴肅縝密的思維邏輯，其自由散漫程度就像畫家看風景，也就是說，個人的特性、氣質及民族精神總是不自覺地表現在他們的研究中。

　　因為許多個人主觀情緒和觀點在畫家們心中佔據上風，所以不可避免地，在面對同樣的風景時他們就會做出不同的個人理解，他們會突出強調被別人忽視的細節，所以再現客觀風景變成一項個性化的工作，也就是說，人們以某種獨特的敏感性方式來解讀它。歷史學家同樣如此，實際上，他們不比畫家公正客觀多少。

　　歷史學家當然可以只透過對文獻資料的複述來研究歷史，這是一種必要的工作方式，可是有關大革命的歷史文獻可謂浩如煙海，一個人用一生的時間都閱覽不完這些資料。所以，歷史學家們必須進行選擇。有時是自覺地，但更多時候是不自覺地，作者會有意識地選取那些與自己的政治、道德和社會觀點相符的材料。因此，如果簡單的年代學就可以滿足一個歷史學家，他只需要編匯每一個事件和它發生的日期就可以了，然而這樣的歷史不可能做到真正的公正和客觀。其實我們也不必為此感到遺憾，因為無論哪一個作者都不可能做到純粹的公正無私，正是當代普遍盛行的客觀性主張才使那些單調、沉悶、龐雜、乏味的著作得

以誕生，這些著作阻礙了我們全面地瞭解一個時期。

歷史學家難道一定要以客觀性為藉口來逃避自身對人和事件的判斷嗎？難道他們不願以敬佩或憎惡的口吻探討相關的人物或事件嗎？其實，有兩種截然不同的方法可以解決這個問題，從各自的立場來看，每一種方法都是非常正確的，這就是倫理學家和心理學家所持的立場。

作為倫理學家，他們必須依據社會利益來考慮問題，所以他們也只能根據社會利益來評判人物。社會是存在的，並希望繼續存在下去，因此社會必須採納一定數量的規則來確立一個不容侵犯的善惡標準，以此區分惡行和美德。如此一來，社會最終會建立起一種普通人的模型，一旦嚴重背離這個模型，社會安全就會受到威脅。在對歷史人物做出評判時，倫理學家必須以因社會要求而產生的模型和規則為依據，因此在評判歷史人物時，他們試圖建立一種模型，它是文明過程中必不可少的，而且可以作為引導他人的楷模。譬如像高乃依①那樣的詩人往往能塑造出比大多數人高出許多的英雄，這些英雄是難以模仿的，但卻能激發出民眾的熱情。若想提升一個民族的心靈，就要有一個可以作為榜樣的英雄。

上述是倫理學家的觀點，心理學家卻另有看法。一個社會或許可以有不寬容的權利，因為生存是它的首要義務，然而心理學家卻可以拿捏好分寸，做到一視同仁。在考慮問題時，他們就像科學家一樣對功利價值不以為然，但求得到問題的解釋和答案。

---

1. 高乃依（1606—1684），17世紀上半葉法國古典主義悲劇的代表作家，被稱為法國古典主義戲劇的奠基人。——譯者注

以上就是心理學家在觀察一切現象時所持的立場，你讀到卡里埃下令將受害者掩埋至脖頸，使他們失明，並承受難以想像的痛苦時，每個人都會受到震動。然而，如果想對這些行為進行真切的理解，我們就必須學會冷靜，要像生物學家觀察蜘蛛享用一隻蒼蠅一樣冷靜。如果受到情緒感染，理性將不再是理性，它任何東西都將解釋不了。因此歷史學家和心理學家雖然承擔著不同的職責，但是我們卻可以要求他們在解釋事實時都運用智慧的方法，透過表面，看透本質。

第二章

舊制度的心理基礎

舊制度的基礎及君主專制政體

每當提起大革命，許多歷史學家都斷言大革命的矛頭直接指向君主制的專制獨裁。但鮮為人知的事實是，在大革命爆發前的很長一段時間裡，法國國王不是擁有至高無上權威的君主。一直到路易十四即位後的法國歷史晚近時期，國王才擁有絕對的權力。之前的所有君主，包括曾顯赫一時的法蘭西斯一世，並非獨權專政，他們都處在與諸侯、教士、議會進行不斷鬥爭的境地，而且他們通常還不能取得勝利。在反對索邦神學院[1]和議會時，法蘭西斯本人就沒有顯示出強大的力量來，以至於連最親密的朋友貝爾幹議員都沒保護得了。貝爾幹議員因得罪索邦神學院（Sorbonne）而被該院逮捕，國王發出將其釋放的命令，神學院卻拒絕放人。最後，國王在無奈之下派遣侍衛將朋友救出來並藏匿於羅浮宮。然而，索邦卻利用國王不在的時候，再次逮捕貝爾幹，並且在上午10點由議會判其有罪，中午就將他施以火刑了。

因此，我們知道法國國王的權力其實是逐步在演變過程中確立起來的，國王權力在路易十四時代趨於頂峰，但又在很短的時間裡迅速衰落，所以確實很難定義所謂的路易十六的專制主義。

表面看來，國王是這個國家的主人，但是事實上，他只是被迫接受

---

1. 索邦神學院，法國巴黎大學舊稱。1253年，羅貝爾・德・索邦創建第一所學院，故名。19世紀改組，早期以神學研究享譽。——譯者注

他的宮廷、大臣、教士和貴族的意志，被迫遵照他們的旨意行事，難有自己決斷的權力，在世界上諸多國家當中，也許很少有國王像法國國王這樣缺乏自由的了。君主制的巨大權力源於它神聖而高貴的血統，以及若干世代沉澱下來的傳統，而這一切就構成一個國家真正的社會框架。

舊制度會隨著它賴以為基礎的傳統力量的削弱而消亡，擁護者們也會在一波又一波的攻擊之後越變越少，於是就像基礎不穩的龐大建築那樣，它在瞬間就轟然倒塌了。

舊制度的弊端

任意一個政體，其長久存在的基礎就是得到他所統治的群眾的擁護。政體建立之初，人們只被熱情鼓舞著，但是當人們開始認真思考時，它一直被習慣所掩蓋的弊端就會顯現出來，而人們就會把自己當作悲慘痛苦的人，無法長久地忍受這些弊端。

民眾的信念推動了大革命時代的到來，其中，作家們利用自己手裡的筆發揮重大影響，在稍後的內容中我們會再來研究他們的著作。那個時候，在舊制度隱蔽下的弊端已經完完全全暴露在世人面前了，我們將在這裡提及這些為數不少的弊端中的一部分。

在當時的法國，雖然說中央權力具有絕對的威嚴，但由於這種威嚴是國王透過不斷地使用武力征服獨立省分而得到的，這樣一來王國就被分割為若干個區域，且各個區域內的法律和習俗甚至關稅也不盡相同，也就是說，國內的稅務機構是彼此分離的。所以，法國的統一從某種程度上說只是一種集合，是由各個地區隨便拼湊在一起的。包括路易十四在內的歷代國王雖然勵精圖治，但都無法從根本上實現法國的統一，而這個結果卻在大革命中得以實現。

除了地域的問題，法國社會還被等級割裂了。社會被嚴格地分為貴族、教士和第三等級（The Third Estate）這樣三個等級，任何人都不可逾越這種嚴格界定的等級。這種等級間的區分正是舊制度中權力的一種來源，由於被迫嚴格遵守這種劃分，法國人對舊制度的憎恨也被喚醒了。

所以，在取得勝利之後，資產階級將這種長期遭受的蔑視和壓迫以各式各樣的暴行宣洩出來。一個人一生難忘的傷痛莫過於自尊心的傷害，何況第三等級受到的傷害如此之多。第三等級的代表在1614年召開的一次等級會議上被迫取下禮帽放到膝蓋上，當一個第三等級的成員表示三個等級的民眾應該像兄弟一樣親近時，貴族代表的發言人卻傲慢回應：「貴族階級與第三階級之間沒有一絲一毫的兄弟關係，讓我們與第三等級交往，還不如讓我們與皮匠和鞋匠的後裔做兄弟。」

儘管啟蒙運動在當時已經慢慢展開，然而貴族和教士仍然不捨放棄自身的特權與要求。只是由於他們不再承擔原先的服務功能，這些特權與要求也就失去了它原來具有的合理性。教士和貴族在公共管理職能的運作方面遭遇了王權的排斥，他們逐漸失去了王權對他們的信任。他們的地位逐漸被資產階級取而代之，資產階級越來越博學多才，他們使貴族和教士的社會功能形同虛設，泰納對此做出相當準確的解釋：

既然貴族已經越來越平庸，而第三等級獲得更多的才能，兩者此時在教育與才智方面相較就已經不相上下了，而他們在等級方面的嚴格界定就顯得多餘而有害了。不平等只是人們多年沉積下來的習慣的產物，而現在人們的意識已經對它有所拒絕了。

在法國，等級之間森嚴的壁壘是由於長期的專制傳統造成的，這種壁壘已經深深地刻入了人們的骨血中，因此我們很難找到說服貴族與教士放棄他們特權的那股力量。當然，當事態在那個難以忘懷的夜晚發展到失控的局勢時，貴族與教士們最終被迫放棄自己的特權，但是他們對自身特權的放棄已經於事無補，大革命已經變成一匹脫韁的野馬，任性狂奔。

大革命的目標就是實現公民在法律面前人人平等，消除貴族與教士的特權等，但是這一點透過現代化的自然演化就可以實現。就算是精神保守的拉丁民族，也會像其他大多數民族那樣最終實現這些目標。如果事情在最初就照這種方式發展下去，我們或許就可以避免20年的戰亂與破壞，至少法國人民不必面對這樣慘烈的情況。但是果真如此，我們這個民族的精神氣質必然與現在截然不同。

對於那些自視甚高的上層階級，資產階級對他們懷有深深的敵意，而這種敵意是構成大革命的重要燃料，我們因此也就更容易解釋為什麼獲勝者在大革命成功之後，對身居第一等級的教士和貴族進行瘋狂的劫掠，資產階級就地瓜分掠奪來的財富——就像在征服英格蘭之後，征服者威廉將掠奪來的土地賞賜給他的士兵。但是，雖然資產階級對貴族充滿憎恨，他們沒有把主意打到王權頭上，不主張廢除王權：事實上，國王不高明的行為和對外國勢力的依賴只會讓他更惹人厭惡。

第一屆議會從未有過建立一個共和政體的想法，實際上，忠誠的保王派佔據其中相當大的一部分，他們只是想廢除舊有的君主制，建立君主立憲制，只有在君主的權利不斷上升，讓他們感覺到威脅時，他們才會產生抵制國王的想法，但即使如此，他們仍然不敢顛覆他。

舊制度之下，民眾的生活狀況

現在，我們已經無從瞭解舊制度下的生活，尤其是對舊制度下農民的真實處境更難有深切的瞭解。那些大革命的辯護者們從一切角度維護這場革命，他們所描繪的舊時代畫面異常陰暗，在他們的筆下，舊制度農民的生活悲慘無比，我們不禁懷疑：這些悲慘的生靈為什麼沒有在很久以前死於痛苦的生活？

《法國大革命史》（前巴黎大學蘭博教授著作）就是這類風格著述的起源。書中的悲慘描寫我們暫且略過，其中一幅版畫《路易十四治下農民的貧困》吸引了我們的注意，而有一個畫面尤為引人注目：一個男子瘋狂地與幾隻狗搶奪已沒有肉的骨頭；一個骯髒的同伴在他身旁佝僂著身體，壓著自己的胃；一個婦人在後方較遠的地方躺在地上吃草；後方的地面，被一些說不清是屍體，還是將死之人的輪廓所覆蓋。作者透過實例告訴我們，舊制度時期「你只需要花300里弗爾，就可以在某些地區的警察部門買到一個可以賺到40萬里弗爾的職位」，對於那些處於可收穫巨大利益位置上的人來說，這樣的數目根本不算什麼。他還告訴我們：「將一個人投進監獄，只需要120里弗爾」，「路易十五時期，頒發的密札甚至超過了15萬封」。

我們不能很好地瞭解大革命的真相，原因還在於關於這個事件的著作都缺乏客觀性和批判精神。這樣說是理由的，就我們現在看到的關於這個方面的文獻可以說是多如牛毛，但是它們相互之間經常自相矛盾，

例如：看了拉布耶里的著名文章，我們就很難想像出英國旅行者揚所描繪的熱烈景象，在後者的筆下，法國一些省分的農民處在一個繁榮的社會之中。

當時的法國人真的如同某些作家敘述的那樣承擔著沉重的賦稅嗎？他們必須將收入的五分之四上繳，而不是現今的十五分之一嗎？實際上，我們誰都無法給出精準的答案。但是有一項重要的事實似乎可以證明舊制度下的農村地區居民的境況沒有這般悲慘，因為當時農民購買了整個法國三分之一的土地。從財政制度方面我們也得到一些可靠的資料。在當時，不僅預算虧空，農業大臣們還乘機提高各種關稅，進行無度的橫徵暴斂。在三級會議的會議記錄上我們可以看到，正是人們對財政狀況的普遍不滿，引發了大革命的到來。值得注意的是，雖然這些記錄不能完全代表以前的狀況，但是它確實描述由1788年歉收和1789年冬季蕭條所造成的財政危機的真實情況。如果這些會議記錄是寫於革命爆發前十年的，它可以透露出怎樣的資訊？

即使當時人們的生活不寬裕，從記錄中我們也無法看出任何革命的念頭，要求徵收賦稅時必須經三級會議的同意並且讓所有等級平等交納賦稅已經是最激進的主張了。當然，國王的權力應該受到一部確定他及其國民權利的憲法的制約，這樣的願望也在同一記錄中得以表現。在這樣的情形下，一旦這些變為現實，立憲君主制取代絕對君主制就是順理成章的事了，大革命也就不可能出現在法國歷史上。然而遺憾的是，由於貴族與教士的勢力太過強大，而相對的，作為國王的路易十六，力量就顯得十分微弱，因此也就無法施行這樣的解決方案。而且，作為大革命的始作俑者，資產階級的要求也過於激烈，他們甚至想將貴族取而代

之。沒過多久這場由中產階級發動的運動就超出他們的期望和需要，他們主張平等只是為了滿足自己的利益，但是在主張提出後，廣大民眾也要求平等，在這樣的狀況下，大革命最終的結局是他們始料不及的，它演變為了大眾政府。

人的情感要素演變往往是非常緩慢的，可是在大革命期間，這種演變卻極為迅速，這不僅表現在民眾對君主制的感情變化上，就連革命議會也是如此。在幾年的時間裡，第一屆議會的代表們就把他們原本擁戴的路易十六送上斷頭台。這些變化與其說是深刻的，不如說是膚淺的，只是對同一秩序的情感發生轉移罷了。人們對國王的敬畏在這個時期快速轉移到了新政府上，我們很容易就可以證明這個轉變機制。

在舊制度下，君主就是一切，他掌握著至高無上的權力，民眾認為上帝將一種超自然的權威賦予君主，在這片國土的每一個角落，臣民們都仰望著他們的君主。但是當事實多次證明，那個他們所崇拜的君主只是一個人為樹立起來的偶像時，他們對君主絕對權力的這種神秘信仰就會在瞬間煙消雲散，而國王的威望也會隨之化為烏有。而一旦君主的威望不復存在，群眾就會將其踏在腳下，不僅如此，他們還要努力尋求另一種新的偶像來取而代之，因為他們的生存必須要仰賴偶像的存在。

在大革命爆發前夕，狂熱的信徒就已經逐漸證明一個事實：王室的權威已經名存實亡，一般民眾的力量已經超越了王權的威嚴。試想一下，當群眾目睹國王被議會限制，而且在面對武裝進攻時，無力保衛自己在巴黎中心地帶最為堅固的要塞時，他們會作何感想？

民眾不僅看到王室的衰微，也看到議會權勢的直線上升。目前，虛弱者在群眾的眼裡威信掃地，他們會選擇偏向有實力的一方。

國會議員們的感情在這個時期也發生一些變化，儘管這種變化是遲鈍的、滯後的，甚至在民眾攻佔巴士底獄及國王向外國君主求援時，他們仍殘留著對君主制的忠誠，因此巴黎的暴亂與事變儘管能將路易十六送上斷頭台，但是他們沒有徹底否定王權。在外省，這種虔誠更因為人們根深蒂固的傳統觀念而得以長期保持，正是由於法國大部分地區民眾對國王的忠誠，所以在大革命期間，保王黨人的陰謀和起義讓國民公會頭疼不已，因為他們總能找到信徒。只有在巴黎，因為國王的虛弱暴露無遺，這種忠誠才有了極為明顯的消退。民眾對王室的情感是如此的牢不可破，甚至連斷頭台都未使他們的信仰有絲毫動搖。有一個事實我們需要注意，那就是在整個大革命期間，保皇主義的運動從未停止過，在督政府執政期間一度還曾氣焰囂張，49個地區的保王黨代表從各地彙集到巴黎請願，最終引發了果月政變①。

　　大革命無法壓抑這種對君主制的情感，正是這種情感促成拿破崙的成功，他登上古代國王的寶座時，可以說他在很大程度上是在重建舊制度。

1.　果月政變，法國督政府中的共和派督政官為鎮壓王黨復辟活動而組織的政變，發生於共和曆5年果月18日（1797年9月4日），故名。——譯者注

第三章

大革命時期的精神無政府狀態
與哲學家的影響

革命思想的發端及傳播

　　人們外在的生活、行為都會受到其內在精神的支配，而內在精神則是包括傳統、情感、道德影響力等在內的一套框架，不僅人們的行為受到這些要素的指導，這些要素還維持著某些人們全盤接受的基本觀念。在特殊情況下，如果這套社會架構的抵制力被削弱，以往那些不具有多大進步力量的新思想、新觀念就會悄然壯大。兩個世紀前，那些在大革命期間取得巨大成就的理論就曾遭遇頑強的抵抗不幸地折戟而歸。

　　我寫下上述的文字，只是想提醒讀者們注意一個事實，即人們的心理轉變引發了革命的表面事件，所以我們試圖深入研究大革命時都應該以研究孕育它的精神土壤為基礎。

　　就像我在前文所說的，思想上的演變和發展是一個緩慢的過程，正常的情況下我們無法在一代人身上看出什麼明顯的變化。只能是對比同一個社會階級在心靈演化曲線的兩個極端精神狀態，進而使思想演進的程度得以明確地顯示。為了方便理解民眾從路易十四時期到路易十六時期對王室的不同觀念，我們有必要比較一下博須埃與杜閣①的政治理論。當博須埃所表達的正是他那個時代的人們擁有的對絕對君主制的觀念：「這是上帝的意志，對於國王的行為，凡人沒有足夠的能力加以評價，

1.　杜閣（Turgot，1727—1781），法國政治家和經濟學家，出身於巴黎一個貴族家庭，曾經擔任代理檢察長、法院裁判長、海軍大臣、財政大臣。——譯者注

可以做出評價的只有上帝。」那個時候，對宗教的虔誠和對君主的忠誠緊密相連，這種看法非常普遍。

路易十六的改革大臣們則表現出一種完全不同的精神，例如在杜閣的著作中君權神授也不過只是一句口號，民眾的權利則得到更多的重視。這種巨大的變化是由一系列事件促成的，其中包括不幸的戰爭、饑荒、關稅和路易十五統治末期的普遍貧困等。一場精神上的反叛取代對君主權威的崇敬，時機一旦成熟，它就會登上歷史舞台。原有精神架構的解體，意味著其末日的來臨，這一點或許可以解釋為什麼那些一點也不新奇的思想會在大革命期間得到迅猛傳播，並產生重大影響，因為這事實上只是一個水到渠成的過程。這些發動了大革命的中產階級已經從教科書裡瞭解這一切，但是這些事實未能觸動他們的靈魂，因為這些思想還沒來得及對他們產生作用。在大革命起源的過程中，哲學家發揮的實際影響不如想像中的那麼大，他們如此富有吸引力和影響力的思想觀念如今已經灰飛煙滅，這種精神在很長一段時間裡鼓舞著英國的政治生活，而早在兩千年前的古希臘和羅馬時期，作者們就曾經著書立說，毫不留情地抨擊暴君，捍衛個人尊嚴，宣揚民眾主權。

但是我們也必須承認，哲學家們確實也做出一些貢獻，即發展批判精神，任何教條都無法抵制這種批判精神。這種批判精神使得那些失去尊崇地位的事物越來越失去威嚴。社會的大廈隨著傳統和威信的消失頃刻坍塌，也是很自然的。最終，這個連鎖的崩潰還是傳遞到民眾那裡，當然還有一點需要謹記，即它不是由民眾發起的，民眾從來不會身先士卒發揮表率作用，他們向來都只是榜樣的追隨者。

儘管哲學家可以對民眾產生的影響非常小，但是這微乎其微的影響

還是作用在了民族中已經開化的那些人身上。這些貴族整日遊手好閒，由於傳統被社會職能所剝奪，因此他們對社會百般挑剔，更傾向於追隨其領袖。由於目光短淺，他們率先跳出來與自己唯一賴以為根基的傳統決裂。與今天的資產階級類似，人道主義和理性主義深受他們的歡迎，他們以批評的方式持續挖著自己特權的牆角。每個階級都感到以前的行為動機正日漸消失，若干個世紀以來被視為神聖的事物也變得再尋常不過。

在當時貴族與作家的批判精神只是一種傾向，但是還不足以顛覆傳統，然而這個舉動卻使其他強大勢力的力量得到加強。在徵引博須埃的言論時，我們已經說過，如今看來，宗教機構與世俗政府是遠遠分離的，可是在舊制度下，他們卻是不可分離地緊密聯繫在一起的，是榮損與共的關係。事實上，在君主制觀念發生動搖之前，一些受過教育的人已經逐漸擺脫宗教傳統的束縛，神學被透過觀察而獲得的真理所替代，知識也不斷獲得進步，越來越多的人將注意力從神學轉向自然科學。我們雖然至今也沒有清晰地把握這個精神發展脈絡，但是我們知道它足以表示一直引導著人們長達若干世紀的傳統已經失去它們應有的價值。人們都贊成將傳統和神祇失去的力量賦予給理性，但理性又憑什麼獲得人們的信任？雖然理性所取得的成就是盡人皆知的，但是有足夠的依據證明把理性運用到社會建構上來就可以徹底改造社會嗎？即使如此，理性可能具有的作用也仍然深深吸引著那些思想開明的人，相對地，傳統則逐漸失去人們的信任。對於賦予理性的至上權威，我們應該將其看作終極觀念，因為它不僅引發了大革命，而且其主導地位貫穿於大革命的始終。人們在整個大革命期間都為了與過去決裂而付出艱辛的努力，他們

試圖依據一項按邏輯制定的全新藍圖來重建社會。

　　最後，唯理主義論傳播到下層民眾時，一直被壓抑的民眾就會認為：新時代到來了！以往被尊重的一切事物如今已經不再值得尊重，現在人人都是平等的，從前的老爺和主人的命令已經不必服從了。於是，輕而易舉地，群眾終止了連上流階級自身都已經不再尊崇的事物的崇敬，而革命則在崇敬的枷鎖被打開時宣告成功。這種全新精神狀態的轉變會帶來什麼後果？第一個就是民眾的反抗與不服從，一位貴族夫人曾經向我們描述，在街上漫步的人群一邊跳過馬車的底板，一邊向她們叫嚷道：「你們很快就會被甩在後面，而我們則將坐在車裡。」

　　在大革命的前夕，不僅平民表現出這種不順從與不滿，應該說這樣的情緒非常普遍。泰納就指出：「下層教士之於高級教士，外省貴族之於宮廷貴族，封臣之於領主都充滿敵意。」

　　在召開三級會議的時候，這種心態不僅存在於貴族與教士之間，連軍官們也開始變得人道主義化，雖然士兵暫時還沒有明顯的反抗行為，但也不再如從前那樣順服了。在他們簡單的思維邏輯中，反抗一切上級、主人和一切命令就是所謂的平等。在1790年，多達20多個團的士兵對他們的軍官構成威脅，而在諸如南錫一類的地方，軍官竟然被他們投入監獄。

　　無政府狀態散布於社會各個階層之中正是舊制度消亡的首要原因，而這種狀態最終蔓延到了軍隊裡，一位歷史學家就曾經寫道：「王權傾覆的原因，就是軍隊受到第三等級思想的影響。」

18世紀哲學家關於大革命起源假想的影響以及對民主政治的厭惡

　　哲學家之所以被看作是法國大革命的鼓吹者，可能就是因為他們總是毫不留情地抨擊特權及對這些特權的濫用，但是不要因此就把他們看作是大眾政府的同黨。事實上，民主政治與他們的思想不相符，他們沒有忽視包括破壞、暴力在內的民主的必然伴生物，並且都清楚早在亞里斯多德①時代，民主就被進行這樣的定義：「包括法律在內的所有事物都取決於大多數人的意願，他們可以為所欲為，糟糕的是在這樣的國家裡，他們還經常被一些巧舌如簧的煽動家控制。」

　　皮埃爾・貝爾（Pierre Bayle）——伏爾泰的真正的思想先驅就曾經這樣評述雅典大眾政府的後果：

　　我們會發現這段歷史事實上展示的是群眾的騷亂、導致分裂的內訌及困擾城邦的煽風點火；人們迫害、放逐那些真正優秀的人物，甚至還會在一個罪惡的謠言傳播者的教唆下將這些傑出人物處死。我們很容易就可以做出這樣的判斷，即對自己的自由如此自負的這個民族只是一小撮陰謀家的奴隸罷了。在那些被稱為煽動政治家的人的指引下，他們一

1.　亞里斯多德（前384—前322），古希臘哲學家、科學家、教育家，對其之後幾乎所有的西方哲學家都產生巨大的影響。他的著作包含許多學科：物理學、形上學、詩歌（包括戲劇）、音樂、生物學、動物學、邏輯學、政治、政府及倫理學，和柏拉圖、蘇格拉底一起被譽為西方哲學的奠基人。——譯者注

會兒向東，一會兒向西，見風使舵，隨波逐流，像雅典這樣頻繁的暴政哪怕是在馬其頓實行的君主制也不曾出現過。

孟德斯鳩也不完全認同民主政體，在對君主政體、共和政體、專制政體這三種政體進行描述之後，他明確指出大眾政府可能造成的後果：

過去人們曾經依靠法律手段獲取人身自由，而如今反抗法律卻成為人們追求自由的途徑。所有的公民看起來就像是從主人家裡逃跑出來的奴隸，人們把過去的準則說成苛刻，把過去的規矩說成是禁錮，把過去的慎重稱為畏懼。在那裡，人們將節儉視為貪婪，而佔有欲卻不在貪婪之列。私人財產在從前是公共財產，如今公共的財富卻變成私人的家業，共和國轉變為巧取豪奪的對象，它的力量來源只是幾個公民的權力加上全體的放肆而已。

正是在這樣的背景下，很多小暴君陸續出現了，單一的暴君具有的全部邪惡在這些小暴君身上都得以表現。不久，民眾殘存的一點自由也被侵蝕，這時就誕生了單一的暴君，民眾原本擁有的一切也隨之失去，甚至連腐化的好處也包括在內。

所有這些被視為激發了大革命的人所持的觀點，不具有顛覆性，事實上，對於革命運動的發展，他們也無法產生什麼根本性的影響。盧梭算得上是當時那個時代為數不多的幾個民主主義哲學家之一，所以大恐怖時期的人們紛紛追捧他的《社會契約論》。必須找出一些適當的理由來寬容那些產生於無意識的神秘情感衝動的行為，然而哲學是不會鼓動這些衝動的。事實上，盧梭的民主主義也有令人存疑之處，這一點他本人也無法否認，只有非常狹小的邦國才適合於以民眾主權為基礎的社會重建方案，而像法國這樣的大國則不適宜，因此當波蘭人在後來邀請他

為波蘭起草一份民主憲法方案時，他向波蘭人建議選擇一位世襲君主。盧梭理論中有關原始狀態完美至善的理論引起極大的反響，獲得巨大的成功，他與同時代的許多作家一樣，認為原始人是至善至美的，而他們之所以墮落，原因在於他們所處的社會環境。而一個社會則可以透過良好的法律規範重獲早期世界的幸福。然而，由於缺乏對心理學的足夠認識，盧梭認為所有的人不管在何時何地都可以受同樣的法律與制度的約束和統治，在當時的社會，這是一種非常普遍的信仰，愛爾維修②就曾經寫道：「一般來說，民眾的惡行和美德都是立法的必然結果……在所有民族的觀念裡，美德都是智慧，而這種智慧在通常意義上說都是完美的，我們難道還會對這一點產生懷疑嗎？」這是最為荒謬不過的論斷了。

---

2. 愛爾維修（1715—1771），法國啟蒙思想家，18世紀法國唯物主義哲學家，曾經擔任總包稅官。他考察第三等級的貧困和封建貴族的糜爛生活，因此痛恨封建制度。後來，他辭去官職，專心著述其作品《百科全書》的編輯工作，對封建制度及教會進行無情的揭露和批判。——譯者注

資產階級在大革命時期的哲學思想

中產階級在大革命時期的社會政治觀點是什麼？答案可能是非常複雜的。不過或許我們可以把它們簡單歸結為平等、博愛及大眾政府。一些歷史學家指出，他們是渴望原始人一樣單純的社會生活。

但是事實上，與現代的野蠻人一樣，原始人愚昧殘忍，他們不能感知善良、道德及同情，只會憑本能衝動行事，他們在饑餓時走出洞穴捕殺獵物；在充滿仇恨時將敵人吊死。只要理性尚未出現，他們就不可能遏制自己的本能。與一切革命信仰截然相反，文明的目標是要擺脫自然狀態，而非返回自然狀態。正是因為雅各賓黨人破壞了文明賴以為基礎的一切社會限制，致使人類又回到原始狀態，使政治社會回歸到野蠻的原始狀態。

關於人之本性的理論具有的價值，這些理論家的觀點大約與一個普通羅馬人關於預兆的力量的看法相差無幾。但是，這些理論作為行為動機的力量是不容小覷的，這樣的思想一直鼓動著國民公會。因為當時的科學不發達，所以對原始祖先的看法出現錯誤是可以原諒的，事實上，我們根本無法清晰地瞭解原始人的生活。然而，直至大革命時代，人們還是對人類心理表現出絕對的無知，這就不免讓人覺得奇哉怪也了。

看起來確實如此，似乎那些18世紀的哲學家與作家們不擅長進行最細微的觀察，他們雖然置身於同時代的人之中，卻沒有看透、也沒有理解他們。最為明顯的表示就是，他們從未懷疑過大眾心智的本性，他們

一直相信民眾追求的也就是他們自己所夢想塑造的。他們的無知不僅表現在罔顧歷史教訓方面，還表現在對心理學的忽略方面，在他們的觀念裡，平民大眾的本質是善良、博愛、懂得感恩的，而且他們會隨時服從理性的指導。

國會議員們幻覺的深刻程度可以從他們發表的言論中窺見一斑，他們驚訝於農民瘋狂焚燒城堡的行為，但是他們的應對方式卻是忙不迭地發表最動情的長篇大論，試圖以此阻止暴行，勸誡農民切莫「惹惱了善良的國王」，並且請求他們「用美德來使國王動容」。

與舊時代的決裂及法律改造人性的幻想

　　人們可以輕易地與過去決裂並且透過制度徹底重建社會，這是一切革命的基石。理性讓人們相信，除了原始時代之外，過去所代表的一切都是謬誤與迷信，當代的立法者們可以與過去劃清界限。為了使自己的政治理想得到更好的表現，他們創立全新的紀元，變換曆法，甚至更改月份和季節的名稱。

　　假設說世界上所有人都是相似的，他們的立法對全人類來說都是適用的。孔多塞[1]懷著無比的自信做出以下的論斷：「一項良好的法律必定讓每個人都從中受益，猶如一個幾何命題對每個人來說都是正確的。」但是事實上，大革命的理論家們從未清晰地認識到事物的表象，因此他們也不可能洞悉隱匿在它們背後的原動力。還得需要一個世紀的時間，生物學取得的進步才使人們意識到，這些理論家犯下多麼令人心痛的錯誤，同時，這種進步還告訴我們，所有民族的進化都離不開傳統的根基。

　　過去的影響不斷地衝擊著大革命中的奮鬥者們，雖然不理解它，但是他們一直試圖消滅它，結果卻適得其反，被它所消滅。

　　大革命臨近終結時，立法者們對法律和制度絕對力量的信仰產生嚴

---

1. 孔多塞（Condorcet，1743—1794），18世紀法國最後一位哲學家，同時也是一位數學家，啟蒙運動的最傑出代表人物，有法國大革命「擎炬人」之譽。——譯者注

重的動搖，但是在革命初期，他們的這種信仰卻是堅定不移的。在制憲會議上，格雷瓜爾教士[2]發表的演說完全沒有引起人們的驚訝：「我們完全有可能改變宗教信仰，只是當前我們不願這樣做而已。」他們確實也在後來的歷史中選擇這麼做了，只是最終以慘烈的失敗告終。但是，雅各賓黨人還是將全部成功的要素掌握在手中，他們依靠暴政清除了所有的阻礙，強制推行的法律也非常順利地通過了。不過，在歷經了十多年的破壞、焚燒、掠奪、屠殺之後，他們的虛弱也暴露無遺，並且最終陷入山窮水盡的境地。最終，那個被整個法蘭西企盼的獨裁者，不得不重建大部分已然遭受毀滅的事物。就像我所說的，雅各賓黨人其實是進行一場十分危險、狂妄的實驗，他們企圖以理性的名義重塑社會，在人類歷史上，可能再也不會出現這樣的實驗了。

雖然這是一個非常可怕的教訓，但是在相當重要的一個階級的頭腦裡，並未對它給予足夠的重視。所以，即使在我們這樣的時代中，仍然經常可以聽到這樣的建議，社會主義者要求按照他們的空想計畫徹底改造社會。

---

2. 格雷瓜爾（1750—1831），法國高級教士，後來進入三級議會。——譯者注

關於大革命原則理論價值的幻想

如果我們稍加回顧，就會發現大革命的基本原則旨在建立一種全新的社會分配關係，這個原則包含在一系列的權利宣言之中，它們分別公布於1789年、1793年、1795年，三個宣言無不支持這個聲明：「民眾享有主權。」除了這一點以外，三個宣言在其他問題上的說法卻不盡相同，例如平等問題。1789年宣言的規定十分簡單：「人生來就是平等的」；1793年的宣言則走得更遠，它向我們斷言：「按人們的本性，每個人都是平等的」；1795年的宣言則顯得比較適度，它說：「所謂的平等是說在法律面前，所有人都是平等的」。除此之外，第三個宣言在提到權利時認為應該首先提及義務，它的道德即為福音書的道德，宣言第二條稱：「天然地銘刻在每個人心中的兩條原則是一個人與一個公民所有義務的來源，這兩條原則是：己所不欲，勿施於人；己欲立而立人。」

關於平等和民眾主權的那些部分是這些宣言的實質性內容，也是得以真正保留下來的內容。雖然現在看來存在缺陷，但是平等、自由、博愛等共和主義的美好願景還是發揮不容忽視的作用。

直至今日，這個充滿神奇魔力的宣言不僅還被裝飾在牆壁上，而且也銘刻在我們心中，可以說它確實擁有某種獨特的力量，一種類似於古老巫師所使用的蠱惑性字眼的力量。它的許諾所喚起的新希望為它帶來難以想像的擴張力，從城市到鄉村，成千上萬的人甚至不惜為它犧牲生

命。甚至在我們所處的這個時代，同樣的宣言還在被援引到世界任何一個爆發革命的地方。

這個宣言也是對心理學的巧妙運用，因為它屬於那種模糊不定的詞語，而且能激起人們對未來的無限憧憬和嚮往，人們根據自己的愛憎與希望可以做出各自不同的詮釋。至於這些詞彙的真實含義和附帶意義就顯得無足輕重了。

平等是革命宏圖三個原則當中最有成效的一個，我們會在本書的另一部分中指出，只有這個原則至今還存活且卓有成效。我們當然不能說大革命是唯一將平等思想引入到世界上來的，事實上，甚至都不必追溯到古希臘的共和國，我們就會發現，許多平等的理論包含在基督教和伊斯蘭教的教義中。作為同一個上帝的臣民，在他面前，眾生平等，而評判他們的唯一標準就是他們的美德。無論是在基督教徒那裡還是在伊斯蘭教徒那裡，上帝面前的所有靈魂一律平等的教義都是同等重要的。

然而，平等的實現不是一項原則的聲明可以保證得了的，這是一種天真的幻想。基督教會很快就放棄遵從理論上的平等而行事了，而處於大革命中的人們也只有在演說中才把它想起來。

因為使用它的人各不相同，「平等」一詞被賦予不同的含義。與其真正意義相去甚遠的情緒經常隱含其中，而且表現出任何人不得勝於他的這樣一種專橫要求及自覺高於他人的念頭。無論是大革命時期還是今天的雅各賓黨人，「平等」這個字眼對於他們而言只是對一切優越的嫉恨罷了，為了消除這些優越，他們佯稱要統一禮儀、習俗和地位。除了他們施行的專制，似乎所有專制在他們眼裡都是可憎的。

因為無法避免自然的不平等，所以他們拒絕承認它們，1793年的

第二個權利宣言甚至罔顧這個事實公然斷言「所有人按照自然一律平等」。由此可見，許多大革命中的人對平等的滿腔熱忱只是對不平等強烈不滿的掩蓋而已。拿破崙正是為了使他們的欲望得到滿足，才被迫重新啟用貴族的頭銜和裝飾。泰納指出拿破崙可以從最桀驁不馴的革命者中選拔出最馴服的臣僚的秘密所在，他接著這樣說道：頃刻之間，透過有關自由與平等的布道，他們完全暴露出對權力和支配他人的欲望，甚至連下屬在多數情況下也充滿對金錢和享樂的渴望。救國委員會委員與帝國大臣、長官、次長之間沒有不同。

資產階級對民眾主權的聲明就是平等教義的第一個產物，但是在大革命期間，民眾主權卻一直停留在理論上，成為一紙空談。

第四卷

制憲議會

第一章

制憲議會的心理

神秘主義成分

前文已經論述過，無論多麼理性的信仰一旦傳播到普通群眾那裡，理性的影響立即就會遭受集體力量和情感力量的強力排擠，並且煙消雲散。而神秘主義則會作為革命信仰的根基迅速將新的信仰傳播到全世界。

神秘主義不僅在事件中有所表現，而且也會反映在每個個體的心理狀態上。或許大革命最重要的要素就是神秘主義，所以如果我們想清楚明確地理解大革命，就必須將大革命看作一種宗教信仰的構成。實際上，我在別的地方關於所有宗教信仰的論述在大革命上同樣適用，如讀者在涉及宗教改革的章節中，會看到很多宗教信仰與大革命的相似之處。

宗教信仰的理性價值，哲學家們關於這個問題的研究，花費了相當長的一段時間，可是後來他們卻發現這個問題的研究價值不大，所以現在他們可以比較適當地理解理性的作用了。哲學家們必須承認，在轉變文明中的諸多要素方面，最重要的還是這些信仰的要素。

信仰是一種充滿狂熱的存在，它可以讓人們脫離理性，並且將人們的思想和情感引向一個極端。由於理性在人們心中不會產生太大的熱情，所以純粹的理性是不可能擁有信仰這樣的力量的，大革命之所以有如此驚人的擴張力，並且時至今日可以保持持久巨大的威望，其原因就是大革命採用了宗教的形式。但是，關於這一點，有很多歷史學家都可

以看到。我認為，最早洞悉這一點的人就是托克維爾①。

托克維爾在他的書中寫道：「法國大革命披著宗教革命的外衣，以宗教革命的形式進行一場轟轟烈烈的政治革命。從其常規的和典型的特徵來看，法國大革命確實與許多宗教或宗教革命有相似之處：大革命如宗教革命一樣，不僅傳播範圍廣，而且也是以預言和布道的方式在人們心中牢固樹立一種信仰。法國大革命是一場可以激發人們改變信仰的政治革命，在國內人們興高采烈地完成革命，並且人們又以同樣的熱情向國外傳播革命。想像一下，這樣的景象是怎樣的新奇啊！」

如果我們可以認清並承認大革命的宗教因素，對於大革命接踵而來的狂熱和破壞就很容易解釋了，因為我們可以從歷史中得知大革命的這個特徵是宗教的伴生物，所以說大革命帶來暴力和不寬容就是必然的，這是取得勝利的神靈對其信徒發出的命令。在長達20年的時間裡，法國大革命一直在整個歐洲逆天而行，這也使法蘭西變成一片廢墟，數百萬人也因此失去生命，國家也屢遭戰禍洗禮。然而，如果不付出慘痛的代價就不足以讓人們的信仰發生任何實質性的改變，這似乎已經成為一條顛撲不破的定律。

一般來說，神秘主義的因素通常是信仰的基礎，但是有時候也會摻雜一些其他的情感因素和理性因素。這樣一種魚龍混雜的信仰可以服務於情感領域，也就是群體的激情、情感和利益；理性可以掩飾這一切，

---

1. 托克維爾（1805—1859），法國歷史學家、社會學家，主要代表作有《民主在美國》和《舊制度與大革命》。他曾經經歷五個「朝代」（法蘭西第一帝國、波旁復辟王朝、七月王朝、法蘭西第二共和國、法蘭西第二帝國），1851年政變之後，托克維爾對政治日益失望，並且退出政治舞台。——譯者注

並且企圖為事件的合理性進行辯護，當然，事實上它是不會產生任何作用的。

在大革命剛爆發的日子裡，幾乎所有人都在自己的願望的基礎上為新的信仰披上各種各樣理性的外衣。人們注意到在大革命過程中，無論是政治上的、宗教上的，還是等級上的那些曾經使他們備受屈辱的一切專制全都受到鎮壓；像康德②這樣的思想家和歌德這樣的作家一直夢想著在大革命中看到理性的勝利；更有甚者，以洪堡為首的外國人士還特意來到法國「呼吸自由的空氣，欣賞專制的葬禮」。

然而，在知識份子中間，這些幻想沒有持續太長的時間，整個事件不受任何控制，戲劇性的變化很快就將夢想的真實基礎展露無疑。

---

2. 伊曼努爾・康德（Immanuel Kant，1724—1804），德國哲學家、天文學家、星雲說的創立者之一、德國古典哲學的創始人，唯心主義、德國古典美學的奠定者。他被認為是對現代歐洲最具影響力的思想家之一，也是啟蒙運動最後一位主要哲學家。——譯者注

舊制度的瓦解與三級會議的召開

　　要探究大革命思想的起源可不那麼容易，因為革命思想其實早在大革命來臨之前就已經慢慢在人們的心中醞釀了。前文中提到的那些革命因素出現以後伴隨著法國大革命如火如荼地進行，路易十六的登基成為現實。面對現狀，中產階級的不滿越來越強烈，所以他們不斷地提出自己的改革要求。是的，在當時的環境之下，改革已經成為人們最響亮的呼聲，呼之欲出。

　　儘管路易十六可以理解改革的效用，並且也願意嘗試，但因為其自身的軟弱性，使得他根本無法駕馭貴族和教士，甚至都保不住支持自己的改革大臣馬勒謝爾伯和杜閣。頻繁出現的饑荒、逐年加重的賦稅，這一切使得各個階層都陷入貧困的境地，雖然如此，法國宮廷依然過著奢靡的生活，與普遍貧困的局面形成巨大的反差。

　　面對窘境，法國貴族們也試圖挽救財政危機，他們被召集起來開會，但是他們拒絕接受一個平等的稅收體系，而僅僅批准了一些無關痛癢的改革措施。關於貴族們通過的這些法令，高等法院不予登記，因而被解散，而各省的高等法院紛紛仿效巴黎高等法院的做法，也都被解散。然而輿論在他們的主導之下，為此，法國各地都紛紛提出要求召開已經近200年沒有召開過的三級會議。

　　決議的結果如下：在法國500萬的人口中，有10萬教士和15萬貴族，他們派出各自的代表組成總共1200名代表。其中第三等級的代表有578

名，主要由地方官員、律師和醫生組成；而300名教士代表中有200人是平民出身，這些人將自己的命運與第三等級緊密地連在一起，聯合起來反對貴族和教士。

從第一次會議開始，在心理上，不同精神狀況和社會地位的代表之間就發生直接的衝突。第三等級代表的寒酸落魄形象與特權階級代表的華麗高貴形象形成一種讓人感到羞辱的強烈對比。

在第一次會議上，由於貴族和教士成員擁有自己的階級特權，所以在國王面前他們沒有免冠，第三等級的代表們意欲效仿貴族和教士階級，結果卻引來了特權階級代表們的共同抗議。在接下來的一天裡，更多打擊第三階級代表自尊的抗議聲連續不斷，第三等級的代表邀請坐在單獨大廳裡議事的貴族和教士代表們為他們的權力作見證，結果卻遭到貴族和教士代表的斷然拒絕。經過一個多月的磋商，最終，在西耶斯教士的倡議之下，第三等級的代表認為自己代表了國家95％的人口，宣布由自己組建一個國民議會（National Assembly）。從這一刻起，就拉開了大革命的序幕。

制憲議會

　　對手的強弱，在側面反映政治議會力量的強弱。制憲議會（The Constituent Assembly）對自己遇到的微弱抵制感到無比震驚，它對自身強大的認知，使得其完全失去理智和自制能力。從會議的初始，制憲議會就把自己能擁有的權力無限放大了，尤其是它伴稱自己擁有徵收賦稅的權力，而這在國王看來，無異於是對自己權威的挑釁和蔑視。

　　路易十六也做出回擊，但是他的回擊是如此的軟弱無力——僅僅下令關閉了三級會議的議事大廳。就像我們看到的，路易十六的做法毫無作用，根本無法阻止代表們，這些人開始在網球場的大廳裡召開集會，並且宣誓要通過一部憲法，否則他們是不會解散的。有很大一部分教士代表加入代表們的隊伍，對此，國王宣布議會的決議無效，並下令讓代表們解散。當大司儀官布勒澤侯爵試圖勸說代表們服從國王的命令時，議會主席巴伊回答：「我們有自由在這裡集會，我們代表了所有國民，我們不接受任何命令！」米拉波則向國王的特使聲稱，召集議會依據的是民眾的意志，除非依靠武力手段，否則我們絕不解散。面對此種局面，國王被迫再次進行妥協。

　　代表們在6月9日的會議上是以制憲議會的名義行事的，這是一個具有重大意義的歷史事件。在長達幾個世紀的時間裡，這是第一次國王被迫承認一個新權力的存在，而在此之前，無論是民眾的權力，還是由民眾的代表所行使的權力，國王的態度都是置之不理的。這個事件向我們

傳達一個資訊，即君主專制政體已經不復存在了。

面對政局，路易十六深深地感到自己受到越來越大的威脅，於是他從凡爾賽召集一些外國雇傭兵，並且將這些人組成兵團準備隨時反擊。制憲議會要求路易十六撤離這些軍隊，對此，國王堅決地回絕了，並且撤掉了尼克的職務，讓獨斷專行著稱的布羅伊元帥取代其職位。

然而，議會有許多堅定而忠誠的擁護者，卡米耶・德穆蘭等人對此採取積極的應對方法，他們向群眾進行長篇演說，呼籲大家捍衛自由。警鐘被卡米耶・德穆蘭等人敲響，一支12,000人的民兵集結而成，他們從殘廢軍人院那裡取得了步槍和大炮。7月14日，武裝的民眾朝著巴士底獄進發，在這座要塞民眾幾乎沒有遇到法國軍隊強烈的抵抗，僅僅相持了幾個小時，民眾在監獄中找到7名囚犯，其中1名囚犯是個瘋子，另有4人是被指控作偽證的刑事犯。

巴士底獄曾經讓許多人成為專制權力下的犧牲品，在許多人的心目中，巴士底獄是王權的象徵，但攻佔它的民眾沒有吃過它的苦頭，因為巴士底獄關押的一般都是貴族階級的囚犯。

武裝民眾攻佔巴底獄的影響非常巨大，這種影響甚至一直延續至今，就連蘭博這樣嚴肅的歷史學家都向我們斷言：「巴士底獄被攻佔不僅是法國，更是歐洲歷史上的重大事件，它開創世界歷史的新紀元。」

蘭博如此的斬釘截鐵或許有些過分，巴士底獄被攻佔這個事件的重要性僅僅在於一個心理學事實，不久前還是令人敬畏的權威竟然如此軟弱無能、不堪一擊，對此，民眾第一次真正掌握一項明確的證據。

在公眾的眼中，權威的原則如果受到損害，就會在一瞬間垮塌。面對一個無力自保的重要堡壘，與民眾為敵的國王，還有什麼要求不能提

出？同樣，主人的權力也不再是萬能的了。

在法國大革命的歷史上，攻佔巴士底獄只是數量繁多的精神腐化現象的開始。儘管對革命沒有太濃厚的興趣，但是外國雇傭兵也已經開始譁變的徵兆，對此，路易十六迫於無奈將這些雇傭兵解散。同時，路易十六召回尼克，讓他回到巴黎市政廳，尼克的復出充分顯示已經承認既成的事實；尼克從國民自衛軍司令拉法葉[1]手裡接過三色帽徽，帽徽由代表巴黎的紅、藍二色加上代表國王的白色構成。

隨著巴士底獄被攻佔，騷亂暫時得以平息，我們絕不應該把它看作「歷史上的一個終極性事件」，但是巴士底獄被攻破確實是大眾政府的開端。

在制憲議會的統治期間，保王派中有數量眾多的法國人和議會成員，因此如果國王接受一種開明君主制，那他還是可以長時間掌握政權的。然而，路易十六好像不願意向議會做出讓步，因而他對議會也沒有做出多少承諾。

也許，路易十六認為即使做出些許的讓步也都是不可能的，如果自己同意了對歷代傳承世襲的君主制進行變革，就是丟了列祖列宗的臉面。甚至即使路易十六有變革的想法，他的家族也絕不會允許他這麼

---

1. 拉法葉（1757—1834），法國的將軍、政治活動家、侯爵。他出身於貴族家庭，1789年被選為法國三級會議代表，是最早和第三等級代表協同行動的貴族代表之一。巴士底獄被攻佔以後，他被推舉為國民自衛軍總司令。1791年7月17日，因為下令對在戰神廣場集會示威的群眾開槍而讓民眾失望。1792年8月10日推翻君主立憲政體以後，他逃往荷蘭。1799年霧月政變以後，回國隱居。1818年當選議員，成為議會自由資產階級反對派領袖。1824—1825年訪問美國，回國以後，被譽為「兩個世界的英雄」。1830年七月革命中，擔任國民自衛軍總司令，幫助推翻查理十世。1834年，在巴黎去世。——譯者注

做。在當時，君主制所依賴的古代世襲等級，貴族和教士的權勢幾乎與國王本人有同等的地位。表面上看，路易十六好像每次都屈服於議會的命令，但是實際上，那都是他迫不得已的策略，並且他是企圖贏得時間、東山再起的。在發現天然防衛不起任何作用之後，路易十六孤注一擲，只好求助於外國的勢力了。

奧地利，幾個世紀以來一直是法國強有力的競爭對手，但是對於國王，尤其是王后來說，他們對奧地利可能給予的援助卻抱有不切實際的幻想。面對國王的求助，即使奧地利不溫不火地表示同意出手相助，但是這種承諾的背後就是意圖得到巨大的回報。

俱樂部的民眾領袖們發現議會中保王派仍然有很大的勢力，於是他們再次發動群眾來反對它。在群眾的支持下，他們發起了一場請願活動，強烈要求議會召集一個新的選舉機構，並且以此來審判路易十六。

無論如何，制憲議會還是忠於國王的，面對越來越強烈的革命煽動性，制憲議會感到不妥，於是決定反擊民眾的這種行動。國民自衛隊在拉法葉的指揮下，一個營的軍隊開進戰神廣場，使用暴力驅散聚集在那裡的群眾，結果造成50人的死亡。

雖然議會勢單力薄，但是它沒有堅持微弱的抵抗。由於它對民眾有很強烈的畏懼之心，所以對國王的態度變得越來越傲慢，不斷剝奪國王的特權和權力。現在國王處境十分窘迫，他竟然可憐得像一個小小的公務員，必須依據別人的意志行事。

議會很期待自己可以行使從國王那裡搶奪來的權力，但是由於自身能力的不足，難以完成這樣的使命。所以，權力的分散導致議會的虛弱也是必然的，米拉波②說：「最可怕的莫過於由600個人來行使主權

了。」

　　議會曾經宣稱可以集中國家的一切權力，並像路易十六那樣行使這些權力。但是，時間不長，議會就變得舉步維艱了。

　　隨著日漸削弱的議會威信，無政府的混亂卻在悄悄蔓延著。民眾領袖不斷地煽動民眾，受到蠱惑的暴民引起大面積的騷亂和起義，並終於獲得國家唯一的權力。代表們囂張而專橫，議會每天都要受到代表的強烈衝擊，代表們時而提出要求，時而發出威脅，對此，議會毫無招架之力。

　　出於對群眾運動的恐懼，束手無策的議會只能低眉順耳。而實際上，所謂的群眾運動不是群眾自發進行的，而是由一小撮人煽動的，群眾運動僅僅象徵著一股新勢力正在逐步登上法國的政治舞台，這股新勢力即為與議會並行存在的俱樂部和巴黎公社。

　　雅各賓俱樂部在這些俱樂部中最有勢力，在當時的社會背景下，它迅速地在法國建立超過500個直接聽命於總部的支部。雅各賓俱樂部在整個大革命期間一直佔據著優勢。因為議會聽從雅各賓俱樂部的指揮，因而實際上他們也是法國的主人。雅各賓俱樂部唯一的對手就是巴黎公社，但巴黎公社的權力範圍僅限於巴黎。

2.　米拉波（1749—1791），法國政治家。他放縱奢侈，早年多次被監禁。1789年，他以第三等級代表的身分入選三級會議，並且於法國大革命初期，在其中成為核心人物。1789年10月5日和6日之後，在拉馬克的要求下，他向宮廷獻策，要求路易十六逃往外省首府，並且採用君主立憲制，但是他的建議被王后瑪麗‧安東妮拒絕。1790年3月，他接受國王的大筆秘密酬金，此後與宮廷頻繁通信直到去世。1791年2月，他被選為國民議會的主席，4月2日病死，葬入先賢祠。1792年，他與宮廷的通信被發現以後，他的遺體又遷出先賢祠。——譯者注

在遭受失敗的情勢下，制憲議會變得非常虛弱，而且這次失敗更使它聲名狼藉，制憲議會開始意識到這一點，並且感到自己的勢力正在逐漸消失，因此制憲議會決定加快速度制定出新的憲法以便可以自行解散。制憲議會的最後一項措施規定制憲議會的成員不得被選進立法議會③，這項規定真是太幼稚了。這就是說，立法議會的議員將會失去他們前輩的經驗。

　　1791年9月3日，制憲議會制定並且完成憲法，並且於13日得到國王的批准，這之前，出於某種需要，議會已經恢復了國王的權力。

　　制憲議會創建一個代議制政府，國王行使行政權，並享有對議會法令的否決權，而立法權由民眾選舉的代表行使。新的部門分工取代舊的行省制，並且廢除關稅，至今仍然在實行的直接稅和間接稅取代關稅。

　　制憲議會推翻舊的社會組織，結束了領土的四分五裂，於是它自以為是地認為自己擁有足以改造這個國家宗教組織的力量，制憲議會特別提到，神職人員應該由民眾選舉產生，並且不受到教宗的任何影響。

　　宗教鬥爭和宗教迫害一直持續到執政府統治時期，對教士的民事規定是造成這一切的起因，有三分之二的牧師對新憲法表示不能接受，他們甚至拒絕對新憲法宣誓效忠。

　　大革命在以制憲議會為象徵的三年時間裡取得的成果是極為可觀的。大革命的首要成果就是財富正逐漸從特權等級向第三等級轉移。正

---

3. 立法議會，成立於1791年10月1日，基於羅伯斯比的提議，國民制憲議會的任何議員都不能進入這個新的立法機關，1792年4月20日，立法議會對奧地利宣戰。同年9月20日，普選產生的國民公會召開第一次議會，取代立法議會。——譯者注

是基於這一點，引起大革命的熱情追隨者為新制度辯護的興趣，一場革命如果得到既得利益者們的支持和擁護，毫無疑問，它必然會產生異常強大的力量。無論是第三等級，還是購買了國有土地的農民，他們心裡都非常清楚，一旦舊制度復辟必然會使自己的利益受到損害。因此，從本質上講，這些人對大革命積極辯護的目的只是為他們自己的財富辯護，其自私之心可見一斑。

這就是我們會看到這種狀況的原因，在大革命的某些階段會有大約一半的地區揭竿而起，全力反抗壓迫他們的專制制度。共和黨人擁有無比強大的力量，並且可以戰勝一切反對派，取得這樣的成績是因為他們在捍衛一種新的理想，同時也在捍衛新的物質利益。我們將會看到這兩個因素的影響貫穿大革命的始終，並且極大地促成帝國的建立。

第二章

立法議會的心理

立法議會期間的政治事件

　　在對立法議會（The legislative session）的心理特徵進行考察之前，我們有必要先回顧一下曾經在立法會議期間發生的政治事件。因為在立法議會的心理表現當中，這些政治事件很自然地產生非常重要的作用。

　　立法議會其實不想完全推翻君主制，如果由他們來做決定，他們更樂意保留國王的權力，儘管國王的公信力很不足。路易十六對於法國的局勢十分憂慮，他不斷地向外國提出求助的請求，但是這位懦弱的國王可以做的事情實在不多，他被軟禁在杜樂麗宮，他身邊只有負責守護的瑞士侍衛，他孤立無援。路易十六只好大肆收買雜誌，希望能壓制反對的聲浪，扭轉輿論。可是雜誌編輯們對群眾的心裡根本沒有絲毫的瞭解，他們根本無法說服大革命的參與者，只能用絞刑架來恫嚇群眾，並且對外宣稱一支解救國王的軍隊即將入侵法蘭西，僅此而已。

　　王室紛紛出逃，他們把一切希望都寄託在外國宮廷身上，貴族們想盡辦法地移居國外。普魯士、奧地利和俄羅斯紛紛向法國發出戰爭的威脅，路易十六在暗地裡也支持這三國的行動。面對三國國王的聯合反法的局面，雅各賓俱樂部毫無畏懼，他們打算反擊各國的聯盟。於是，吉倫特黨人連同雅各賓黨人就順理成章地成為革命運動的領袖，他們動員群眾武裝自己以抵抗外國入侵，於是600萬志願者嚴陣以待。宮廷接受一位吉倫特派大臣的加入，在這位大臣的操縱下，路易十六被迫向議會提出與奧地利作戰的建議，這個建議很快得到議會的同意。

在對外宣戰的決議並非國王自願做出的，王后則偷偷地向奧地利透露了法國的作戰計畫及委員會的秘密決議。

戰爭剛開始時，法國的損失非常慘重，有幾個縱隊遭到敵方的突襲，軍隊一潰千里。此時，俱樂部在群眾中不斷煽動與說服，於是巴黎近郊的人們都確信國王與外敵裡應外合，起義就在雅各賓黨人的領導下爆發了！丹東在6月20日向杜樂麗宮遞交了請願書，在請願書中，丹東提出廢黜國王的要求，隨後，丹東領導一群人衝進杜樂麗宮，對國王進行百般辱罵。就這樣，路易十六一步步地走向自己悲慘的結局，雅各賓黨人對國王的威脅很快傳到地方，並引起許多地方人們義憤填膺，與此同時，人們獲悉一支普魯士軍隊已經到達洛林前線。

國王和王后對外國支持抱有不切實際的幻想，王后瑪麗・安東妮對奧地利與法國人的心理持有一種非常嚴重的錯覺。在親眼目睹法國人被一些狂熱者所震懾之後，瑪麗・安東妮就同樣認為可以非常容易地恫嚇巴黎人，透過威脅恫嚇重新樹立國王權威，並且使得民眾對國王的權威產生敬畏。於是在瑪麗・安東妮的授意下，費遜公布了布勞恩斯魏克公爵的宣言，該宣言威脅道：「假如王室受到任何侵擾，巴黎將會遭受到極大的威脅。」

然而，布勞恩斯魏克的這項聲明不僅沒有實現其目的，反而造成與其預期截然相反的結局，這項聲明極大地引發民眾對國王的強烈憤慨，國王被視為外國入侵者的勾結者，更加名聲掃地，民眾們強烈不滿，路易十六註定要被拉上絞刑架。

在丹東的暗中操縱之下，一些地區的代表在巴黎市政府建立起一個起義者社團，該社團的成員逮捕了效忠於國王的國民自衛軍司令，並

敲響了警鐘，裝備國民自衛隊，並且同平民一道衝進了杜樂麗宮。路易十六招來的衛隊如鳥獸散，很快他就變成孤家寡人。國王身邊僅有的瑞士侍衛和幾個紳士基本上無一倖免，他孑然一身在議會中避難。群眾強烈要求對國王進行審判，於是立法議會宣布剝奪國王的權力，並等待未來的議會，也就是國民公會來對國王的命運做出裁決。

立法議會的精神特徵

　　從心理學的角度來看，立法議會是一種特殊的構成，能像它這樣深刻地反映政治集體特徵的議會屈指可數。立法議會由750名代表所組成，這些人大多是政治新人，他們中的大部分是律師和文人，此外還包括一小部分高級官員、牧師和幾位科學家。如果按照派別劃分，我們可以將之分為頑固立憲保王派、共和派、吉倫特派、保王派和山嶽派。

　　在當時，立法議會成員的哲學思想還不夠成熟，其中許多人幻想如盧梭那樣回歸自然狀態中。但和他們前任議會相同，每個人都對回憶希臘和羅馬遺風軼事非常熱衷，他們開口閉口離不開加圖、布魯圖斯、格拉古、普魯塔克、馬可·奧里略和柏拉圖的名字；甚至當演說者想凌辱路易十六時，就直接將其稱為卡利古拉[1]。立法議會的議員們在希望破壞傳統方面非常具有革命性，但是在主張回到遙遠的過去時，又顯得異常的反動。

　　立法議會的心理特徵也就是制憲議會的特徵，只是相對於制憲議會來說立法議會更加突出，立法議會的心理特徵可以描述為：動搖、敏感、虛弱和膽怯。

　　動搖與敏感的心理特徵使立法議會的行為總是出現反覆：早上他

1.　羅馬帝國第三任皇帝，後世史學家經常稱其為「卡利古拉」。卡利古拉是他自童年取的外號，意為「小軍靴」，卡利古拉被認為是羅馬帝國早期的典型暴君。——譯者注

們還在相互攻擊爭吵，晚上我們就可以看到他們如兄弟般擁抱彼此；面對一場要求對那些請願廢黜國王的人進行懲罰的演說，他們為其熱烈鼓掌，但是其實就在前一天，他們剛給一個要求國王下台的代表團授予議會的榮譽。

在面對威脅時，立法議會的膽小與懦弱表現得非常明顯，儘管他們的所作所為帶有保王色彩，但是他們仍然投票同意廢除國王的權力，並接受巴黎公社的要求，將國王及其家室軟禁在丹普爾堡。

與制憲議會一樣，立法議會由於其自身的軟弱性，它不具備行使任何權力的能力，只得像木偶一樣聽從民眾社團和俱樂部的支配，這些社團和俱樂部的領袖人物有很多，其中包括塔利安、羅西涅爾、馬拉、埃貝爾、羅伯斯比等人。

直到1794年熱月為止，國家主要權力的中心一直是由起義者社團構成的，起義者社團的舉動與曾經指控過的巴黎市政府有驚人的相似。

立法議會準備將路易十六囚禁到盧森堡宮的時候，正是起義者社團提出將路易十六關押到丹普爾堡塔樓的要求；也正是起義者社團將大批嫌疑犯投入監獄，隨後下令將其處死。

據我們所瞭解的最駭人聽聞的一件事就是，一夥大約由150名匪徒組成的幫派，每天領著24里弗爾的津貼，在幾個社團成員的指揮下，僅僅在4天之內就讓1200人人間蒸發了，這就是臭名昭著的九月屠殺。巴黎市長佩蒂翁畢恭畢敬地迎接了這夥凶徒，並且熱情地款待他們。對此，幾個吉倫特黨人提出抗議，雅各賓黨人對此則緘口不言。

一開始，已經被嚇破了膽的立法議會對大屠殺置若罔聞、三緘其口，甚至議會中幾個比較有影響的代表，尤其是庫隆和俾約-瓦倫還縱容

九月屠殺；立法議會最後決定譴責他們的時候，卻依然對他們的施暴行為沒有採取絲毫的措施。立法議會已經意識到自己力量不足，在兩星期後它自行解散，讓位於國民公會。

儘管立法議會的初衷是好的，但是它這麼做是災難性的，最終將會造成出人意料的結果。作為人道主義者，立法議會縱容了九月屠殺；作為和平主義者，立法議會將法國推入一場可怕的戰爭當中；作為保王黨人，立法議會拋棄君主制。立法議會的所作所為都顯示，一個國家註定要毀在一個軟弱的政府手裡。

早期兩個革命議會存續期間發生許多事件，這段歷史再次向我們證明這些事件之間存在某種必然的因果關係。這些因果關係構成一連串的必然性的連鎖反應，我們選擇其中的第一環，通常無法控制後面的環節。也就是說，我們自由地做出一個決定時，通常無法預料它的結局。

制憲議會最初制定的措施是自發的、理性的，但是隨著事情不斷發展，其後果卻超出任何人的預見、意志和理性。

路易十六之死、大恐怖當道、旺代戰爭、曠日持久的斷頭台、無政府主義狀態，以及繼而發生的一個軍人鐵腕統治之下傳統與秩序的恢復，如果可以回到1789年，我想沒有任何一個人能預測到這種局面的發生。

大眾政府、暴民統治的興起與發展在革命議會早期行為之後的事態發展過程中是最引人注目的。

巴士底獄被攻佔、凡爾賽被進犯、九月屠殺、杜樂麗宮被襲擊、瑞士侍衛被殘殺及國王的垮台與入獄，我們從這些之前已經考察過的事實的背後，可以很容易看清影響群眾及其領袖心理的規律。

目前，就讓我們來深入瞭解一下群眾的力量是怎樣一步步逐漸加強，又是怎樣戰勝其他的所有力量，並且最終取代它們的。

第三章

國民公會的心理

國民公會的傳奇

國民公會（The Convention nationale）的歷史是非常值得研究的，它不僅為心理學提供大量的研究素材，而且也讓我們知道無論是哪個時代的見證者，哪怕是緊隨其後的繼承者，對他們經歷的事件和他們周邊的人都幾乎無法形成準確的認識。

大革命自爆發以來已經過去了一個世紀，人們剛開始嘗試對這個時期的人和事做出判斷，雖然在這些判斷當中仍然存在許多的疑惑和分歧，但已經比上一代人的判斷要略顯正確一些。

之所以可以判斷得更加準確，是因為新的文獻材料不斷地呈現在人們面前，供人們加以研究，除此之外，更重要的是隨著時間的推移，暴政時期存在的許多神話般的傳說已經逐漸返璞歸真，人們終於可以認清它的本質。

大革命時期流傳的所有神話傳說當中，關於「國民公會之偉人」這樣顯赫稱號的大人物的傳奇應該是傳播最為廣泛的。這一點很容易理解，國民公會統治時期，對內要鎮壓國內的王黨叛亂，對外要抵抗歐洲君主的侵略。國民公會的所作所為令人產生一個印象，即超人或是像希臘泰坦那樣的巨人式的人物似乎才是這場艱苦卓絕的鬥爭中的英雄。

如果我們對這個時期的事件仍然沒有完整而清晰的概念，從表面上看，「偉人」稱號是正當的。只是因為在國民公會統治期間，同時發生鎮壓國內的王黨叛亂和抵抗歐洲君主的入侵，軍隊的成就被盲目地認為

是國民公會的成就。軍隊成就的光芒掩蓋了國民公會統治的陰霾，而且淪為恐怖時期大屠殺、國內戰爭的暴行及法蘭西毀滅的辯護藉口。

在敏銳而細緻的現代批判洞察之下，每個撲朔迷離的異質性事件開始逐漸撥雲見日，呈現在人們面前。共和國的軍隊依舊保持著其自身一直以來的威望，但是我們必須承認這一點，即國民公會成員的全部精力都消耗在了內部的派系鬥爭上，對軍隊的勝利幾乎沒有產生任何作用，最多也不過兩三個公會的委員會成員對軍隊比較關注；同時，我們也必須要承認，軍隊可以取得勝利，其原因除了軍隊在人數上佔有優勢和年輕將領具有卓越的才能之外，還源自一種新的信仰所激發出來的無限熱忱。

在後面章節中有關革命軍隊的專門論述，在那章我們將看到軍隊是怎樣在歐洲戰場上一展所長、大顯神通的。自由、平等的思想是軍隊取得節節勝利的動力所在，在這些思想的帶動下，軍人們奔赴前線，並且在前線滯留了很長的時間，但軍隊卻能始終保持著一種與政府截然不同的高昂的精神狀態。對政府的精神狀態，最初軍隊是沒有任何瞭解的，但是到後來卻發生變化，變得極為鄙視。

實際上，國民公會成員與軍隊獲勝之間沒有絲毫聯繫，這些成員的行動僅僅限於依照領袖的指令，匆忙之間制定法律，而這些領袖們則一直聲稱法蘭西可以透過斷頭台來重獲新生。

然而，正好是憑藉這些英勇無畏的軍人，將國民公會的歷史塑造成一部神話，並且使得幾代人都對國民公會產生宗教般的崇拜和敬畏之情，以至於直到今天都還餘音不絕。

在今天，如果我們深入細緻地剖開國民公會那些「偉人」們的心

理，就會發現他們的聲譽毫無價值可言。一般來說，那些所謂的「偉人」沒有任何可以值得誇耀的地方，即使是曾經熱衷於為他們進行辯護的奧拉爾也不否認這一點。

奧拉爾在他的《法國大革命史》中對此進行如下評述：

人們都認為從1789年到1799年的那一代人是天才的一代人或是空前絕後的一代人，因為他們完成偉大而令人震驚的事業。然而實際上，這完全是人們的一種錯覺，無論是在接受的教育程度上，還是才智上，成立市政公社的市民及雅各賓俱樂部等全國性團體的成員和對大革命產生巨大影響的那些人似乎不比路易十五時代或路易‧菲利普時代的法國人更優秀。才華橫溢的那些人士直到今天仍然被人傳頌，那是因為這些人出現在巴黎的舞台的緣故？還是因為這些人是各種革命議會中最雄辯的演說家？在某種程度上來說，米拉波可以稱得上是一位天才，至於諸如丹東、羅伯斯比、韋尼奧等其他人是不是比我們今天的演說家更才華出眾？1793年被稱為巨人的年代，羅蘭夫人[1]在她的回憶錄中這樣寫道：「法蘭西的精英彷彿都已經消耗盡了：在這場革命中，他們的消逝確實讓人感到驚訝；除了侏儒之外，幾乎看不到什麼優秀的人物。」

我們對國民公會的單個成員進行分析之後，再將他們作為一個整體來考察，可以說不管從才智、品德方面，還是從勇氣上來說，國民公會都顯得如此平庸。任何一個群體都不會表現得這樣怯懦，他們只有在

---

1. 羅蘭夫人（1754—1793），法國大革命時期著名的政治家，吉倫特黨領導人之一，她的丈夫羅蘭也是吉倫特黨的領導人之一。——譯者注

演講中，或是危險尚未降臨之前擁有一些勇氣，除此之外，毫無勇氣可言。在談到國王的時候，國民公會是桀驁不馴、盛氣凌人、目空一切的，但本質上，他們是有史以來最懦弱、最順從的政治集體。國民公會懦弱、順從的一面非常明顯地展現在我們面前：對於俱樂部和社團的指令從來不違背、百依百順，面對每天衝擊公會的民眾代表膽顫心驚；面對暴動者提出的要求，非常馴服甚至可以向他們交出自己最優秀的成員。國民公會的所作所為將一幅可悲的場景展現在世人面前：在民眾的指令下，國民公會投票通過的法令真是荒謬至極，以至於到等他們離開大廳就必須廢止的程度。

　　恐怕沒有哪個議會能像國民公會一樣表現得如此懦弱，我們只需要看看國民公會，就可以明白一個大眾政府可能墮落到什麼程度。

雅各賓宗教勝利的影響

　　建立一種堅定的革命宗教是國民公會的重要工作。於是，人權、自由、平等、自然、社會契約、對暴君的憎恨及民眾主權等複雜的要素結合在一起，糅合成為革命教義，現在看來，這些革命教義中有很多不協調的因素，但是這教義在它信徒們的眼裡，卻是如同福音書。一些信徒被新的真理俘獲了：他們手握某種權力，並且最終和世界上的一切信徒相同，試圖以武力的方式強制推行自己信奉的真理；他們對異教徒的觀點和意見置若罔聞，並認為異教徒被消滅是其咎由自取、罪有應得。正如我們在宗教改革時期看到的一樣，一切虔誠的宗教都會對異教徒心生仇恨，並且試圖將其消滅，因此我們就很容易理解雅各賓宗教的許多不寬容行為了。

　　因此國民公會也並非鐵板一塊，雅各賓黨人總是猛烈地攻擊共和黨人，儘管兩者的信仰幾乎完全相同。對此，我們無須感到驚訝，因為我們從宗教改革的歷史中可以看出，相同信仰的兩個分支之間總是存在非常尖銳的衝突。

　　一般來說，新的信徒對布道總是滿懷熱忱。為了使外省的民眾向新教皈依，在武力的擁簇下，他們往那裡派遣了很多虔誠的信徒。擁有新信仰的檢察官對謬誤態度堅決、一點都不含糊，正如羅伯斯比所說的：「對所有反對它的事物，共和國都絕不容忍」。假如一個國家拒絕獲得新生又會怎樣？不管它是否願意，它都必須再生。卡里埃曾經說：「如

果我們不能依據自己的意志去改造法蘭西，我們就要將它毀滅。」

雅各賓主義的政策非常簡單，是由新的信仰產生的。其內容就是在一種不容忍存在任何反對意見的專政的指導下，實現一種平均主義的社會主義。統治法國的理論家們對經濟規律及人的真實本性一類的充滿關於自然、民眾、暴君、自由、理性等抽象的東西，就像許多充滿氣體的大氣球一樣，一旦升到高空就會頃刻間破裂。

從本質上說，雅各賓黨人所持的就是一種絕對的專制理論，他們認為，擁有最高主權的國家必須得到絕對的服從，完全沒有必要與地位和財產上基本平等的公民進行討論。

他們給自己賦予非常多的權力，這令他們之前的歷代、行使特權的君主們都望塵莫及。他們完全掌控了商品的價格，並鼓吹自己有這樣一種權力，即對公民的生命和財產可以任意處置。

對於革命信仰的再生功效，他們懷著堅信不疑的信念，以至於他們在對君主們宣戰之後繼而對上帝宣戰。他們運用全新的曆法，並抹去歷代聖人的名字。他們建立一個全新的上帝——理性之神，並且在巴黎聖母院的「聖處女」祭壇上舉行盛大的崇拜慶典活動，在很多方面，其儀式都與基督教不相上下。這個祭祀一直持續著，直到羅伯斯比用一種私人宗教將其取代為止，羅伯斯比將自己任命為這個宗教的大主教。

雅各賓黨人及其信徒作為法國唯一的主人擁有絕對權力，他們可以隨心所欲地在全國範圍內搶劫，儘管他們在任何地方都不是多數派。

對於雅各賓黨人及其信徒的數量，我們無法得知他們準確的數字，只是知道他們的人數不多。根據泰納的估計，在整個法國範圍內，大約有30萬雅各賓黨徒；在巴黎70萬居民中約有5000名雅各賓黨徒；而在貝

桑松的30萬居民中約有300名雅各賓黨徒。可謂「一種小型的強盜封建制度統治著一個臣服的法國」，用泰納的話來講，儘管雅各賓黨徒的人數不多，但卻足以控制整個法國，究其原因不外如下：第一，他們的信仰賦予他們一種極為強大的力量；第二，他們充當政府代表的角色，而幾個世紀以來，法國人對於這些發號施令的人一直都是馴良地臣服；第三，人們愚昧地這樣認為，如果將他們推翻將直接導致舊制度的復辟，這是許多人都不願意看到的結果，同時，許多國有土地的購買者對此更是感到恐懼。因此，只有他們的暴政到了窮凶極惡的地步，民眾忍無可忍的情況下，才會出現如此之多的地方起來反抗他們。

在他們擁有的權力之中的第一個要素極為關鍵，即在強勢信仰與弱勢信仰的衝突和對抗當中，一般情況下勝利總是傾向於強勢信仰。因為由一種強勢信仰所衍生的強大意志壓倒由弱勢信仰衍生的微弱意志，是很自然的事情。雅各賓黨人最終的垮台就是咎由自取，因為他們的暴力激起不計其數的微弱意志聚合在一起進行反抗，這些微弱意志如果凝聚起來，其力量也是異常巨大的，進而就會超過雅各賓黨人的堅強意志。

遭受雅各賓黨人殘酷迫害的吉倫特黨人實際上也有極為堅定的信仰，然而在後來的鬥爭當中，他們被所受的教育所束縛，它要求吉倫特黨人克制自己堅定的信仰，並且學會尊重某些傳統和他人的權利。而吉倫特黨人的這些猶豫在他們的對手雅各賓黨人看來，根本不是問題。

「吉倫特黨人的情感」，埃米勒・奧利維耶寫道：「多半是寬容而細膩的；而雅各賓暴徒的情感則是低劣的、卑鄙的、殘忍的。『超人』馬拉的聲譽與韋尼奧幾乎不可相提並論。」

一開始，吉倫特黨人憑藉著卓越的才能和雄辯的口才，在國民公會

中佔據優勢地位，但很快他們就在山嶽黨人面前敗下陣來。那夥不值一提的狂熱份子，非常善於活動，並且深知應該怎樣煽動平民大眾，以引發他們的激情。在給人們的印象方面，國民公會是暴力的，而不是理智的。

國民公會的精神特徵

從一般角度來說，一般議會除了具有普遍的特徵之外，每一種議會還會因受環境與時事的影響，進而形成一些比較鮮明而個性的特徵，這些特徵構成任何一個具體議會的獨特精神面貌。可以說，制憲議會和立法議會展現給人們的大部分引人注目的特徵，以一種集合的形式集中在一起，並再次表現在國民公會身上。

大約750名代表組成國民公會，這些成員當中有超過三分之一的人曾供職於制憲議會或立法議會。為了保證自己的黨派可以在選舉中勝出，雅各賓黨人對國民公會的選民進行恐嚇，直接導致700萬的選民中的600萬選民選擇了棄權。

從職業上看，國民公會成員涵蓋的範圍不大，其中包括許多律師、公證人、法官、法警、退職官員及幾個文人。由於國民公會成員的精神狀態不是同質的而是各具特色，這個由特徵各異的個人所組成的議會在很短的時間裡就四分五裂為幾個小群體。於是，在國民公會的早期就形成三個派別，即吉倫特派、山嶽派、平原派①。原來存在的立憲君主派已經退出政治舞台。

---

1. 平原派，又稱沼澤派，國民公會中的中間派，由於其在國民公會中的座位在會場的最低處，因此得名。此派在議會中人數最多，其特點是擁護革命，贊成共和，提倡經濟自由，但是政治上不堅定，沒有形成穩定的領導核心。——譯者注

在議會中，吉倫特派與山嶽派是典型的兩個極端代表，他們各自擁有大約100名成員，因而，順理成章地成為領袖人物。庫東、埃貝爾、埃羅‧德‧塞謝勒、丹東、卡米耶‧德穆蘭、馬拉、科洛‧代爾布瓦、俾約-瓦倫、巴拉斯、聖茹斯特、富歇、塔利安、卡里埃、羅伯斯比等人都是最激進的成員，都屬於山嶽派；布里索、佩蒂翁、孔多塞、韋尼奧等人則屬於吉倫特派。另外的國民公會中的500名議員，他們之中的絕大多數人很自然地形成所謂的平原派。

在國民公會中，平原派是一個隨波逐流的政治群體：他們沒有自己的政治主見，膽小懦弱，猶豫不決；他們隨時憑藉自己的衝動行事，並且總是因為一時的激情而失去控制；他們對吉倫特派與山嶽派中比較有力的一派百依百順、言聽計從。他們見風使舵，在吉倫特派執政時期支持吉倫特派，當山嶽派戰勝了吉倫特派之後，他們又聽命於山嶽派的領導。我們前面已經提到的規律的自然結果，在這裡得到最直接的證明，依據這個規律，弱者服從較強意志的支配就是在所難免的了。

在國民公會統治時期，那些偉大的操縱者對人們產生的影響表現得最為突出。通常是暴戾而狹隘的少數人制約著國民公會，因為這些人強烈的信念賦予他們自己無比強大的力量。

事實證明，膽小懦弱、優柔寡斷、見風使舵的多數人總要受殘忍而大膽的少數人的支配，這些事實有助於我們理解在所有革命議會中所觀察到的一個永恆趨勢，那就是它們不可避免地要走向極端。可以說，國民公會的歷史再一次驗證了我們在另一章中所研究的加速度規律（the law of acceleration）。

所以，國民公會的議員們從溫和一步一步地走向暴虐，最終走向自

相殘殺，這或許是一場宿命。在一開始領導國民公會的180名吉倫特黨人當中，就有140人被處死或被流放；最後，最狂熱的恐怖份子羅伯斯比出現在人們的視野當中，他僅以一己之力，成功地控制了這群膽小如鼠的如奴僕般溫順的代表們。

當然，在平原派這500名代表中大多數人儘管沒有自己的政治主見，喜歡隨波逐流，但其中不乏才智卓越和富有經驗之士，實際上，在國民公會中承擔實際工作的技術性委員會都需要從平原派中徵募委員。但平原派的成員多少都對政治表現出不在乎的狀態，他們一板一眼，不搶風頭，更不希望有人對自己表示出特別的關注。這些人封閉自我，甚至在委員會中也很少在議會中拋頭露面，正是由於這樣的原因，國民公會召開會議時往往只有不到三分之一的代表出席會議。

然而遺憾的是，我們經常看到這樣的局面，這些能幹而誠實的議員在性格上優柔寡斷、異常軟弱，恐懼的心理隨時支配他們的行為，面對暴虐的主人在會議上提出的那些無比糟糕的措施，他們通常都是投贊成票。

軟弱的平原派議員們對強制他們接受的一切措施，如建立革命法庭、推行恐怖政策等，毫無意外地都投了贊成票，也正是在他們的協助下，在政治鬥爭中，山嶽派最終戰勝了吉倫特派，而羅伯斯比順利地清除了埃貝爾派和丹東派。和普天下所有孱弱無力的人一樣，平原派總是伴在強者左右。雖然平原派的這些文質彬彬的慈善家們構成國民公會的主要部分，但因為他們的膽怯、軟弱，反而促成國民公會令人震驚的暴行。

可怕的恐懼是盛行於國民公會中的一個心理現象，這一點值得我們

關注。正是由於這種異常特殊的恐懼心理，使得人們彼此懷疑、誠惶誠恐：為了保住自己的性命，最妥當的做法就是先砍掉他人的頭顱。

對於這樣一種恐懼心理，我們當然很容易解釋：議會上，民眾領袖不斷地叫囂與喧嘩，隨時都會出現手持長矛、傲慢粗魯的傢伙破門而入，不幸的議員在這樣的環境中參加議會，加劇了他們心中的恐懼，因此大多數議員不敢再出席會議。即使偶爾也會參加會議，他們也都是在山嶽派的威脅下順從地進行投票，雖然這些人只佔議員總人數的三分之一。

但是實際上，山嶽黨人自身也滿懷著深深的恐懼，只是他們很少將這種恐懼表現出來而已。山嶽黨人不斷剷除異己，不只是因為狹隘而狂熱的黨派之爭，在多數情況下，還在於他們確信自己的生存已經受到巨大的威脅，這使得他們內心感到無比恐懼。革命法庭的法官們同樣也在瑟瑟發抖，其實他們不想宣判丹東、卡米耶‧德穆蘭的遺孀及許多其他人有罪，但當時的他們已經是騎虎難下、迫不得已了。

然而，在國民公會頭頂高懸著的達摩克利斯之劍，還是羅伯斯比成為唯一主宰者產生的陰影。羅伯斯比的一個眼神使他的同僚們臉色蒼白、誠惶誠恐，在他的同僚們的臉上只會看到「驚懼的蒼白和絕望的呆滯」這種表情。

每個人都對羅伯斯比充滿恐懼，與此同時羅伯斯比也懼怕所有的人。正是因為羅伯斯比害怕人們會反對自己的陰謀，因此他砍掉了人們的腦袋；也正是因為恐懼心理的存在，其他人對羅伯斯比的暴行只好默默忍受。

從國民公會議員的回憶錄上，我們可以非常明顯地看到他們對這段

黑暗時期所保留的記憶。泰納說，經過20年的沉默，巴雷爾對救國委員會的真正目的和隱秘想法進行如下回答：

「當時，我們的內心只有一個感覺，那就是自我保護；只有一個願望，那就是保全自己的生命；在當時的環境中，我們的生命隨時隨地都在受到威脅、都有可能消失。所以，你砍掉他人的頭顱之後，就不必擔心他會把你拉上斷頭台。」

作為一個典型的事例，國民公會的歷史明確地告訴我們，領袖施加給議會的影響是處處存在的。

第四章

國民公會時期的法國政府

俱樂部與巴黎公社在國民公會時期的活動

國民公會由始至終一直被俱樂部和巴黎公社的領袖們控制。俱樂部和巴黎公社對前兩屆議會的影響，我們已經可以很清楚地看到，而在國民公會統治期間，俱樂部和巴黎公社的勢力更是達到前所未有的龐大。從一定程度上來說，國民公會的歷史實質上就是俱樂部和巴黎公社支配國民公會的歷史，它們不僅操縱議會，甚至控制了整個法國。除了巴黎，眾多外省的小型俱樂部在巴黎俱樂部的指示下對地方官員進行監督，並懲治嫌疑犯，執行所有的革命命令。

一旦俱樂部和巴黎公社決定實行某些舉措時，就會向議會施加壓力，於是議會就被迫當場投票通過俱樂部和巴黎公社決定採取的措施。對於俱樂部和巴黎公社的提議，如果議會稍有不從、略有抵制，它們就會派出武裝代表與議會互相抗衡，這些所謂的武裝代表，實質上就是由平民中那些渣滓充當的武裝幫派。因此，俱樂部和巴黎公社傳達的指令總能使議員們無條件地服從。巴黎公社對自己的勢力有強烈的自信，只要他們不喜歡哪個議員，他們就直接要求國民公會將其掃地出門。

構成國民公會的成員通常都是受過教育的知識份子，而構成巴黎公社的成員則多數為小店主、傭工及手藝人，這些成員沒有主見，也沒有自己的見解，幾乎是在他們的領袖丹東、卡米耶・德穆蘭、羅伯斯比等人的支配下行事。巴黎公社的成員在他們領袖的操縱下總是在俱樂部和起義者公社這兩股勢力中游離不定，在巴黎起義者公社所行使的權力更

大，因為它擁有一支屬於自己的革命軍隊。國民自衛隊雖然只接受48個委員的命令，但是這些委員卻要求他們殺人、洗劫，並且搶劫是排在第一位的。

巴黎公社在巴黎實施的暴政是非常恐怖的。例如：一個名叫夏拉朗東的皮匠接受巴黎公社的任命，他的工作內容就是對首都的部分地區實施監控，這個職責就意味著每個人都可以被視為嫌疑人進而被送上革命法庭，並且由此斷送自己的性命。基於這樣的權力，巴黎某些街區的人口幾乎被他全部殺光了。

在巴黎公社實施暴政之初，國民公會曾經試圖與巴黎公社進行微弱的鬥爭，但是仍然於事無補。雙方衝突的高潮是一個事件，即國民公會想逮捕巴黎公社的朋友埃貝爾，巴黎公社當然要予以營救和保護，於是巴黎公社立即派出武裝代表對議會進行威脅，並要求議會將提出該項提議的吉倫特黨人驅逐出議會。然而，國民公會拒絕了巴黎公社的提議，於是巴黎公社於1793年6月2日依據昂里奧的命令，向議會派出革命武裝，將議會團團圍住。面對革命武裝，議會十分驚恐，於是在恐懼之下，議會不得不將27名議員驅逐出議會。具有諷刺意味的是，在議會做出驅逐決定之後，巴黎公社隨即派了一個代表團，對議會的屈服表示祝賀。

國民公會在吉倫特黨人垮台之後，已經完全淪為巴黎公社的傳聲筒。為了配合革命法庭和斷頭台，巴黎公社下令招募一支革命軍隊；為了懲治嫌疑犯，巴黎公社的這道法令在全國範圍內得到貫徹。

直到羅伯斯比垮台以後，國民公會才力圖從雅各賓黨人和巴黎公社的束縛當中掙脫出來：國民公會關閉了雅各賓俱樂部，並且處死其首要

份子；但此時的國民公會實際上也是自身難保，即將不復存在。

　　雖然國民公會採取對付雅各賓黨人和巴黎公社的措施，但是民眾領袖們仍然沒有停止對平民的煽動，以此對國民公會發起攻擊。在共和三年芽月①和牧月②，國民公會再次受到武裝代表團的圍攻，武裝代表團甚至成功地脅迫國民公會通過一項旨在重建巴黎公社的法令，並召集新一屆的議會，在起義者撤離之後，國民公會迫於壓力立即廢除那項措施。由於對自己的恐懼和屈服感到恥辱，於是國民公會召集軍隊解除了巴黎近郊的武裝力量，並且將近1萬人拘押起來，處死發動起義的26名領導者，將與暴動有關的6名山嶽派議員送上斷頭台。

　　然而，國民公會的反抗猶如螳臂當車，無法產生多大的作用，即使擺脫俱樂部和巴黎公社的控制，但隨後它又被迫對救國委員會俯首貼耳，對救國委員會擬訂的法令甚至不進行討論就全票通過，這樣一來，國民公會又變為救國委員會的傳聲筒。

　　「可以這樣說」，威廉斯寫道，「歐洲所有的君主和國王都被國民公會推翻了，但國民公會自己卻淪為一小撮唯利是圖者的奴隸。」

---

1. 1795年4月。——譯者注
2. 1795年5月。——譯者注

國民公會時期的政府：大恐怖

1792年，國民公會宣布成立共和國政體，並且頒布法令廢除君主制。在當時這項法令沒有獲得多少支持。很多議員對國民公會的行為存有疑慮，因為當時外省都屬於保王派的，這些人心裡都很清楚。但國民公會堅信這樣的宣言可以將法國改造成為一個文明的世界，制定並且推行一種新的紀元方式和曆法，這種紀元的第一年，象徵著一個受理性統治的世界的黎明即將來臨。對路易十六的審判拉開了國民公會的序幕，但是這個行為也並非國民公會的意圖，而是來自於巴黎公社的指令，儘管大部分國民公會的議員不希望這麼做。

吉倫特派是國民公會中相對溫和的派別，實際上，吉倫特派一開始就佔據國民公會的主導地位。國民公會的主席和秘書都是從吉倫特派中選舉出來的，在這個時期，羅伯斯比在國民公會中還只有很小的影響力，在主席選舉中，他只獲得6票，佩蒂翁[1]獲得235張選票。在國民公會初期，山嶽派只有非常微弱的影響力，之後他們的權力才開始逐漸增長。在山嶽派手握大權時，溫和派的議員在國民公會的地位已經蕩然無存了。儘管山嶽黨人是少數派，但他們還是找到一個逼迫議會將路易十六交付審判的方法。確定對國王進行審判是山嶽派與吉倫特派鬥爭中獲得的一大勝利，也是對所有國王的譴責，這個事件象徵著新舊秩序之

---

1. 佩蒂翁，1792年9月21日國民公會開幕之日被選為主席。——譯者注

間的徹底決裂。山嶽派圓滑地耍弄政治手腕來實現自己的目的：國民公會收到鋪天蓋地般來自外省的要求審判國王的請願書，同時，巴黎的起義者公社派出一個代表團也向國民公會提出審判國王的要求。依據大革命時期所有議會的一個共同特徵，對此，國民公會屈服於威脅，做出完全違背自己願望的事情。對於這些要求，國民公會的議員們不敢進行絲毫抵制，只得做出審判國王的決定。

從個人的角度來說，吉倫特黨人不希望處死國王，可是一旦許多威脅彙集在一起，他們出於恐懼就投了贊成票。為了保全自己的性命，甚至連路易十六的堂兄奧爾良公爵都和吉倫特黨人一起投了贊成票。1793年1月21日，路易十六被送上斷頭台，如果他泉下有知，他可以看到，在這些軟弱的吉倫特派議員當中，有很大一部分成員將追隨自己，走向斷頭台。

即使從純粹功利的角度來分析，處死國王也是大革命的一大敗筆。因為處死路易十六直接造成國內戰爭和歐洲的武裝干涉；即使在國民公會內部，也引起各種派系之間的攻伐，並且最終造成吉倫特黨人的被清洗和山嶽黨人的獲勝。

國民公會在山嶽黨人的影響下通過的措施到最後變得無比暴虐，以致有60個地區爆發了叛亂。如果不是因為保王黨人參與叛亂，使人們對舊制度的復辟心懷恐懼，這場由被放逐的國民議員們領導的起義可能就獲得成功。實際上，在土倫，起義者們就高呼路易十七的名字。自此之後，在很長一段時間裡，國內戰爭持續不斷。戰爭進行得異常殘酷，甚至殃及老人、婦女、兒童；村莊、穀物都被洗劫一空。僅在旺代一地，就有大約50萬人到100萬人因戰爭而被殺。

緊隨國內戰爭而來的就是對抗歐洲武裝干涉的對外戰爭。在內憂外患的情勢之下，雅各賓黨人企圖透過制定一部新的憲法來使這種衝突得到緩解。因為所有的革命議會都保持一個傳統，即相信法律的神奇力量。在法國，這個信念從來沒有因為實踐的失敗而動搖過。一位偉大的仰慕大革命的蘭博先生這樣寫道：「支撐著國民公會事業的是一個堅定的信仰，它深信一旦將大革命的原則制定為法律，它的敵人就將毫無辦法，甚或改變想法；正義的降臨將會使一切叛亂得到平息。」

　　在國民公會存續期間，先後曾經起草過兩部憲法，1793年憲法或共和元年憲法和1795年憲法或共和三年憲法。但1793年憲法一直沒有付諸實施，因為它沒多久就被一種集權專政所取代；1795年憲法則是在督政府時期制定的。

　　在國民公會中，律師和行政官員出身的議員佔大多數，他們立刻意識到一個龐大的議會無法充分行使政府的職能。於是，不久之後，國民公會就被劃分為若干個小的委員會，這些委員會彼此獨立存在，如財政委員會、商業委員會、立法委員會、農業委員會及藝術委員會等。這些委員會向議會提交法案時，一般議會閉著眼睛就投票通過了。

　　幸虧有了這些獨立的委員會，才使得國民公會的工作不至於遭到徹底破壞。他們提出許多十分有效的議案，如建立一些重要的大學、確立度量衡公制等。正如我們看到的那樣，議會的大多數成員都試圖在這些委員會中尋求庇護，以躲避對圍繞在他們周圍使他們有性命之憂的政治衝突。

　　在國民公會中，救國委員會位於這些與政治沒有多大關係的事務委員會之上。1793年4月，救國委員會成立，當時有9名成員。最初，救國

委員會由丹東領導，同年7月改由羅伯斯比領導，之後，羅伯斯比逐步把持了政府的全部權力，甚至包括發號施令的權力。雖然委員會所通過的是比較明智、有效的法案，甚至構成國民公會的不朽事業，但是全體議員在代表團的威脅下通過的那些法案則顯得極為荒謬。

這些荒謬的法案與國民公會自身的利益或公眾的利益不存在任何關係，其中包括1793年9月通過的最高限價法令，這部法令試圖固定日用品的價格，但卻造成日用品的持續短缺；此外，還有毀壞聖但尼的王家墓地、審判王后、大規模焚毀旺代、建立革命法庭等諸多荒謬的法案。

在國民公會時期，政府採取的主要就是恐怖政策，大恐怖始於1793年9月，持續長達6個月的時間，直到羅伯斯比被送上斷頭台為止。雖然某些雅各賓黨人曾經建議在審判時盡量溫和一些，但這麼做就是徒勞，這項建議的唯一結果就是提議者被處死。然而，正是公眾的厭倦情緒最終導致這個可恥階段的終結。

隨著國民公會內部派系鬥爭的持續不斷及趨於極端的傾向，把曾經在國民公會裡呼風喚雨的重要人物都給吞噬了，但是到最後，它卻被羅伯斯比獨自操縱了。就在國民公會把法國搞得兵荒馬亂、備受欺凌之際，在周邊，法國軍隊取得了勝利，他們攻佔了萊茵河左岸、比利時和荷蘭，並且得到《巴塞爾和約》②的承認。

必須把軍隊的工作與國民公會的工作完全區分，關於這一點我們已經明確地指出，並且我們後面還要提到這個問題。那個時代的人很容易

---

2. 1795年4月5日，法國熱月黨人組織的政府與普魯士簽訂《巴塞爾和約》，普魯士首先退出反法同盟，承認萊茵河左岸歸屬法國。從此，反法聯盟瓦解。——譯者注

理解這一點，但是今天的人卻經常忽視這一點。

　　1795年國民公會被解散的時候，它已經引起民眾普遍的懷疑。由於長期充當民眾奇思怪想的犧牲品，國民公會不僅沒有使法國恢復安定，反而把法國推進無政府狀態的深淵。瑞典駐法國臨時代表德林克曼男爵在1799年7月曾經寫過一封書信，在信中，他適當地概括人們對國民公會的普遍看法：「我希望不要有哪個民族再像法國那樣，自她自由以來，一直為她統治的那些人所統治，他們簡直無異於殘酷而低能的無賴。」

國民公會的終結與督政府統治的開始

  國民公會在解散之前起草一部新憲法，這就是我們常說的共和三年憲法，這部先發被用來替代1793年憲法。新憲法規定，由所謂元老院和眾議院分享立法權；督政府行使行政權，督政府的執政官由元老院根據500人的提名進行任命，每年以選舉的方式更換其中的一個人。它特別規定新的議會中應有三分之二的成員是從國民公會的議員中選出的，這項措施的效果微乎其微，只剩下10個部門仍然對雅各賓黨人效忠。

  而為了避免保王派當權，國民公會做出將所有的流亡者永遠驅逐出境的決定。但是共和三年憲法的公布沒有產生預期的效果，無法平息平民的暴動，事實上，這部憲法沒有產生正面作用。在1795年10月5日最重要的一次威脅國民公會的暴動中，起義領導人甚至對議會動用了一支正規武裝。面對這樣的挑釁，國民公會忍無可忍，最終決定反擊，國民公會召集了軍隊，並且將指揮權交給巴拉斯。

  拿破崙受命承擔了這次的鎮壓任務，他就此開始嶄露頭角。在拿破崙的指揮下，軍隊的行動迅捷有力。聖盧克教堂附近硝煙瀰漫、炮聲隆隆，最終，起義者被軍隊擊潰、四散而逃，起義者當中的幾百人當場被擊斃。

  在這次行動中，表現出國民公會還很不習慣雷厲風行的作風，但是這完全得益於軍事上的神速，因為就在採取軍事行動的同時，議會甚至還在準備百依百順地聽命於起義者派出的代表。

第五章

革命暴行的實例

革命暴行的心理動機

就像前文所說的，革命原則在事實上構成一種新的宗教信仰。革命者作為人道主義者總是充滿熱情地鼓吹自由和博愛，然而他們與許多宗教相同，在其學說與實踐之間存在巨大的反差。事實上，無論什麼自由都沒有被容忍，很快博愛也被狂熱的屠殺所取代。

一切信仰的不寬容是造成原則與行為相背離的根源，一種宗教也許充滿自制精神和人道主義。然而，宗教的信徒卻總是試圖透過武力強加於人，於是就產生暴力。

因此可以說，大革命的暴行是一種宗教新教義在傳播的過程中不可避免的結果。聖巴多羅買之夜大屠殺、法國宗教戰爭、宗教裁判所、南特赦令的廢止、龍騎兵對新教教徒和對詹森教派信徒的迫害，這些大恐怖的行為都同屬於一個家族，其心理根源是相同的。

其實，路易十四不是一個殘酷的暴君，但是在信仰的驅使下，路易十四先後射殺了數量眾多的新教徒並放逐了一些人，並且將數量多達幾十萬的新教徒驅逐出法國境內。

信徒們採取迫害手段的根源不是他們對異教徒的恐懼，在路易十四的時代，新教徒和詹森派教徒沒有絲毫危險可言。因為心靈上的義憤導致不寬容，因為深信自己掌握著絕對的真理，所以對於那些否認這些真理，必定不會按照良善的信仰行事的人，無法保持寬容。當一個人擁有強大的力量來去除謬誤、堅持真理的時候，他怎麼可能會容忍謬誤的存

在？

　　這種心態在各個時代的信徒身上都有所表現，後者當然也一樣，堅信自己掌握絕對的真理，而且在他們看來這些真理是顯而易見的，並且它們的勝利必然能使人類重獲新生。這樣一來，他們對待自己的對手會比法國的教會與國王對待異教徒更為寬容嗎？答案顯而易見，是否定的。

　　我們必須承認，所有信徒都視恐怖為一種必然的手段，因為從一開始宗教法典就是建立在恐怖的基礎之上的，信徒們為了強迫人們遵守，試圖以威脅恫嚇他們。

　　信仰雅各賓的信徒們的行為與他們的前輩毫無二致，如果再次發生同類事件，我們將看到這樣的結局，就是同樣的行為會一而再、再而三地出現。如果一種新的信仰明天獲得勝利，它將會採用這樣的布道方式，即類似於宗教裁判所和大恐怖的。

　　然而，如果我們把雅各賓派的恐怖政策僅僅看作是一種宗教運動的結果，我們就無法全面而深刻地理解它。正如我們看到的，許多人的利益依附於一種信仰並聚集在信仰的周圍，而這種信仰來自於獲勝的宗教。儘管大恐怖行為是由幾個狂熱的信徒指揮的，但是除了這少數幾個虔誠皈依者之外，還有一群數量眾多並只想從中謀取利益的人，這些人忠誠地追隨在幾個領導者身邊，其原因不是別的，只是這些領導人允諾他們可以享受掠奪的成果。

　　「大革命時期的暴徒，」索雷爾寫道，「之所以依附於恐怖政策，是因為他們希望可以保持自己的權力，而這是其他任何手段都不能實現的。他們實行恐怖政策是為了拯救自己，以確保自己的利益，但是在事

後他們卻聲稱自己的動機是為了挽救國家：當恐怖還沒有成為一種制度時，只是一種統治的手段；而實際上，制度只是使手段合法化罷了。」

　　埃米勒・奧利維耶在其關於大革命的著作中對大恐怖做出這樣的結論：「首先，大恐怖可以說是一場暴動，一場披著合法外衣的搶劫，一場聚集了多種罪行的規模龐大的盜竊。」對此結論，我們完全同意。

革命法庭

　　大恐怖階段，最為恐怖的結構就是革命法庭①（The Revolutionary Tribunals），除了巴黎以外，革命法庭幾乎遍布整個法國。極具有諷刺意味的是，革命法庭的建立者丹東最終也被送上斷頭台。

　　歷史學家寫道：「法國當時共有178個革命法庭，其中40個是巡迴法庭，這些大大小小的法庭擁有絕對的權力，任何時候任何地方，只要願意它們就可以宣布在宣判地執行死刑。從1793年4月16日到共和二年熱月9日②之間，巴黎的革命法庭處死共計2625人；在奧林奇小鎮一地，經外省法官們的審判，有331人被送上斷頭台；在阿拉斯市，革命法庭處死299名男子和93名婦女……在里昂市，那些革命專員們批准了1684宗死刑……將這些數字全部加起來大約是17000人，其中有1200名婦女和一些年過80的老者。」雖然法國的革命法庭僅僅對2625人宣判了死刑，但是我們應該注意到，全部的嫌疑犯在9月就已經被草率地處決了。

　　事實上，巴黎革命法庭只是救國委員會手裡的一種工具，剛開始，革命法庭還按部就班，並且遵循一些法律，但很快這種形式就被取消了；甚至最後連質詢、答辯、證據都不需要了，依據道德證據，也就是

---

1. 革命法庭，法國大革命期間，國民公會為審判政治犯而在巴黎成立的法庭，是實行恐怖統治的最強力的機構之一。革命法庭由國民公會任命，由一個陪審團、一個檢察長、兩個代理檢察長組成。1795年5月31日，革命法庭被撤銷。——譯者注
2. 1794年7月27日。——譯者注

說以猜疑就可以定罪了，一般來說，法庭庭長只需要對被告提出一個問題即可。雖然如此，為了提高工作效率，富基耶-坦維爾提議將斷頭台設立在法庭內。

那些因為黨派之爭而被捕的人一律被巴黎革命法庭送上斷頭台，並很快落入羅伯斯比的手中，進而淪為血腥暴政的工具。它的始作俑者——丹東——在走向斷頭台之前，曾公正地請求上帝和人類寬恕自己曾經幫助建立這個法庭。

在革命法庭這裡，無論是以卡米耶·德穆蘭的溫厚，拉瓦節的天才，還是以馬勒澤布的美德，都不存在一絲憐憫可言，最終結果都是在劫難逃。「這些天才」，邦雅曼·康斯坦（Benjamin Constant，1767—1830，法國文學家和政治思想家，近代自由主義的奠基者之一）說，「就這樣被一夥最膽怯、最野蠻的人給殺害了。」

如果非要為革命法庭尋找理由，我們就需要回到雅各賓黨人的宗教心理上，在精神上或目標上，這項工作都可以與宗教裁判所同日而語。那些為之供奉犧牲的人對自己是人類的救星的信念堅信不疑，因為他們是在鎮壓異教徒，鎮壓那些與自己信仰相異的敵人，並且堅信這些信仰可以使地球獲得新生。

在大恐怖時期，不只是特權階級受到懲罰。此外，有大約4000名農民和3,000名工人也被推上斷頭台。

今天，在目睹一樁死刑的執行時，我們經常會產生憐憫之情。有人由此設想，一次對如此之多的人處以死刑，人們對此會產生一種怎樣的強烈的情感？但是事實上，人們的思想是非常遲鈍的，以至於最後都習以為常、不在乎了。那個時候的母親們經常帶著自己的孩子去刑場，並

觀看劊子手行刑，就如同今天她們帶孩子去劇院看木偶戲一樣。

殺人場景的日常化使人們變得對死亡置若罔聞。吉倫特黨[3]人在登上斷頭台時都極為平靜，甚至高唱著馬賽曲，好像自己是在攀登樓梯一般。

民眾這種安分守己的狀態源於習慣的法則，它可以使人的情感迅速鈍化。親眼目睹保王黨人的起義，人們對斷頭台已經不感到絲毫的畏懼了。大恐怖一直在進行中，但人們卻不再感到恐懼；只有在大恐怖尚未實施時，恐怖才是一種有效的心理策略。對於真正的恐怖來說，與其說來自它的實現，不如說來自它的威懾。

---

3. 吉倫特派，是法國大革命時期立法大會和國民公會中的一個政治派別，主要代表當時信奉自由主義的法國工商業資產階級。吉倫特派的名字源於代表人物的家鄉吉倫特省。——譯者注

大恐怖時期的外省

外省革命法庭宣判的死刑，只能作為屠殺事件的一部分。在法國境內，革命軍隊燒殺搶掠，凶暴蠻橫。歷史學家記述了這樣一組資料：在一個只有2,000位居民的小鎮貝多因，就因為有人砍倒了鎮上的自由樹，於是433座住宅被毀壞或焚燒殆盡，舉目可見的盡是廢墟，在這次事件當中，有16人被推上斷頭台，有47人被射殺；其餘的人則被驅逐。這些人的生活退回到原始狀態——為了遮蔽風雨，只能在地上挖出洞穴。

那些被送到革命法庭的人，命運只會更悲慘一些，對革命審判的譴責很快被壓制。在南特，卡里埃根據自己的猜疑宣判這些人的命運，他將包括男子、婦女和兒童在內的近5000人淹死或射殺。

熱月政變①之後的《政府通報》（MoniteilLr）上記錄這些屠殺的細節，在這裡，我援引幾則：

在攻佔努瓦木提埃後，我親眼目睹許多男人、婦女和老人被活活地燒死；一個十四五歲的幼女遭強暴後被殘忍殺害；孱弱的嬰兒被挑在刺刀上；從母親身邊拉開的幼兒被當場絞死。

同一期的《政府通報》上，一個名叫朱利安的人也提供一份證詞，朱利安說卡里埃強迫受害者自掘墳墓，然後將受害者就地活埋。1794年

---

1. 熱月政變，法國大革命中為反對雅各賓派羅伯斯比政權的恐怖統治而發動的政變，因為發生在共和2年熱月9日（1794年7月27日），故名「熱月政變」。——譯者注

10月15日的《政府通報》上，刊載了蒂永維爾人梅蘭[2]的報告，報告上刊載了一個事實：「勒德斯尼號」艦長接到指令，將41名受害者沉溺到海裡，「在受害者當中，有一個78歲的盲翁，12名婦女，12名女孩和15名兒童，這其中6～10歲的兒童有10人，其餘5個兒童還在吃奶」。

在對卡里埃的審判過程中（見《政府通報》，1794年12月30日），有人證明卡里埃還曾「下令溺死、射殺婦女和兒童，並且命令哈克索將軍殺死旺代的全部居民，並且將居民的住所焚毀」。

卡里埃是極其變態的，他從目睹受害者的痛苦中獲得極大的樂趣，「在革命法庭捕殺牧師的過程中，」卡里埃說，「每當看到牧師們垂死掙扎之前痛苦的表情，我就忍不住縱聲歡笑，生平最快樂的事也莫過於此。」（見《政府通報》，1794年12月22日）。

為了配合熱月政變，卡里埃成為被審判的對象；然而，在許多城鎮都發生大量的類似於南特屠殺的事件，在里昂富歇殺害了2,000多人；而在土倫遇害的人數更是令人震驚，在幾個月內，土倫的人口從29000銳減為7000。

公正地說，這群無惡不作的傢伙們，之所以可以為自己辯護，是因為他們不斷得到救國委員會的鼓勵，卡里埃在受審過程中給出這個證據：

「我承認」，卡里埃說（見《政府通報》，1794年12月24日），「每天槍斃150名或200名囚犯，但那都是委員會發給我的指令，我只是奉命行事，充其量我只是一個執行者。我回覆國民公會，成百上千的匪

---

2. 熱月黨人三個派別中，新寬容派的代表人物。——譯者注

徒已經被擊斃，他們對這樣的數字非常讚賞，並命令將它載入公告。為什麼原來這樣做的代表們現在卻對我這樣憤慨激昂？當時為我的所作所為而拍手叫好，並且讓我繼續執行任務，這究竟是為什麼？難道只是因為那個時候的我是國家的救世主，現在的我卻儼然成為一個嗜血狂人？」

然而很遺憾，卡里埃不知道在他做出這番辯白的同時，國民公會還掌握在七八個人的手裡，對於卡里埃的辯白，他們無法進行反駁。卡里埃被送上斷頭台是咎由自取，但是實際上，整個國民公會也沒法逃脫任何干係，他們應該一同被處死，因為是他們批准了屠殺的命令。

根據後來救國委員會找到的一些信件證實了卡里埃的辯白，信件中的內容始終督促那些「執行任務」的代表們積極採取行動。這些證據充分顯示了大恐怖時期的暴行並非是少數幾個人自發的衝動行為，其根源是一種機制。

在大恐怖時期，破壞欲望不只是對人的毀滅，對無生命事物的破壞更為嚴重。真正的信徒總是喜歡打破偶像崇拜，一旦這些信徒掌握絕對的權力，他們在消滅所有可以讓人回憶起舊信仰的偶像、廟宇及象徵物方面所表現出的熱情如同消滅自己信仰上的敵人一般。

眾所周知，狄奧多西大帝改變信仰，改信基督教以後，首先做的就是摧毀了屹立在尼羅河畔的6,000多座廟宇。所以，如果我們看到領導人攻擊紀念碑和藝術作品的那個時代的遺跡時，一定不要感到任何驚奇。

手稿、塑像、鑲嵌著彩色玻璃的窗戶及金銀餐具都被破壞得一塌糊塗，作為國民公會代表的富歇被派到涅夫勒時，他下令將所有城堡的塔樓和教堂的鐘樓摧毀，「因為它們同樣是有害的」。

對藝術品的破壞顯然無法滿足這些人的需求，他們將矛頭指向了墳墓，巴雷爾向國民公會宣讀了一份報告，隨後，位於聖但尼的宏偉壯觀的皇家墓室頃刻間被砸得粉碎，甚至連棺材也沒放過，被撬開；一個看守從蒂雷納的屍體上將牙齒拔出，並當作古董賣掉，之後，蒂雷納的屍體被送進了博物館；亨利四世的上髭下鬚也都被拔了下來，一點不剩。

表面上看比較有文化修養的這些人竟然對毀壞那些藝術珍品表示同意，這怎麼能不讓人深惡痛絕？所以，我們應該記住這一點：強烈的信仰造成的後果必定是極為惡劣的暴行，連國民公會也概莫能外。面對暴徒的一次次衝擊，這些議員們被迫向大眾的意志屈服。

這個記錄向人們展示了兩方面的事，一方面是狂熱盲信的巨大力量，而另一方面，這些記錄告訴我們：一旦人們擺脫所有的社會約束，將會變成可怕的樣子；當沒有任何束縛的人們掌握權力的時候，又將出現什麼樣的惡劣後果。

第六章

大革命時期的軍隊

革命議會與軍隊

在審視革命議會時，我們必須先瞭解議會，尤其是國民公會內部的糾紛、自身的弱點、暴行。誠然，它在軍事上的成功是無可比擬的，哪怕在它敵人的心目中也仍然保持著無可辯駁的光榮。在國民公會瀕臨解散的時候，法國的版圖已經非常之大了，它拓展到了比利時，並且一直延伸到萊茵河的左岸。

如果我們把國民公會當成一個整體來看，認為其促成法國軍隊的勝利不為過；然而，如果我們分析這個整體的目的，是為了更深入地研究國民公會和法國軍隊勝利的各自的因素，它們之間的分離與獨立就會立刻一覽無餘。我們將會看到，在這個時期，國民公會只對軍事行動有非常微弱的貢獻，甚至可以忽略不計。前線的軍隊與巴黎的革命議會儼然屬於兩個不同的世界，這二者之間幾乎不存在任何相互影響的關聯，而且，它們看問題的立場也迥然各異。

國民公會則是一個無政府狀態的深刻典型，它一直卑弱地處在大眾的要脅下，沒有任何自己的主見。甚至可以說，國民公會無法控制任何東西，相反要不斷地受他人的支配，因此國民公會又如何可以指揮軍隊？

議會對軍事問題根本無暇顧及，而是把精力完全消耗在內部的爭吵上。議會將軍事問題交給一個特別委員會負責，這個委員會幾乎由卡諾一人控制，但是實際上，卡諾的真正作用就是不斷地為軍隊提供後勤補

給和彈藥支援。將752,000軍人置於法國的控制之下，督促軍隊的將領們發起進攻，並且保持軍隊嚴格的紀律，這就是卡諾的功績所在。

在國家防務上，國民公會做出的唯一貢獻是頒布普遍徵兵的法令，但是面對大批強敵壓境的局面，任何政府都會採取同樣的措施。曾經有極短的一段時間，國民公會曾經派代表下令處決軍隊中的某些將領，但是這個做法很快就被取消了。

在軍事活動上，議會無關緊要，這是實情。軍隊在前線憑藉人數、熱情及年輕將領所採取的靈活戰術，才獲得這些勝利。軍隊南征北戰、東突西進，其行動完全與國民公會相獨立。

反對大革命的歐洲戰爭

在闡述促成革命軍隊獲得成功的各種心理因素之前,我們有必要簡要地回顧一下對歐洲戰爭的起源和進展。

有一個事實是,法國大革命爆發之初,歐洲的君主們私底下都在幸災樂禍,因為法國國王的倒下,意味著他們去掉了一個強有力的競爭對手。不僅如此,普魯士的國王堅信法國會因為大革命而嚴重受創,自己則可以從中漁利,因此他向奧地利的皇帝提出以割讓佛蘭德斯和阿爾薩斯為條件幫助路易十六的建議。

1792年2月,普魯士的國王和奧地利的皇帝簽訂了條約,並且建立反法聯盟。在吉倫特黨人的影響下,法國先發制人,對奧地利宣戰。一開始,法國軍隊節節敗退,反法聯軍甚至突進到香檳省,這裡距離巴黎只有130英里。但迪穆里埃在瓦爾密取得勝利之後,奧普聯軍被迫撤離了法國。在這次戰鬥中,有300名法國士兵和200名普魯士士兵戰死,雖然戰爭規模不大,但卻具有重大的象徵意義——普魯士軍隊曾號稱無敵之師,但卻被年輕的革命軍隊戰勝,因而被迫撤退,無敵之師的神話被打破了;而法國軍隊則四面出擊,並且在幾個星期之內,瓦爾密的士兵就將奧地利人趕出了比利時,在比利時,法國軍隊被當作解放者受到熱烈的歡迎。

戰爭一直是國民公會慣用手段,因為戰爭能轉嫁很多社會問題。1793年年初,議會宣布將比利時併入法國,由此與英國產生衝突,而且

這個衝突一直持續20年。

1793年4月，在比利時的安特衛普，英國、普魯士和奧地利的代表舉行了集會，透過這次會議，代表們決定將法國肢解，英國覬覦敦克爾克，普魯士人意圖吞併阿爾薩斯和洛林，奧地利人意圖得到佛蘭德斯和阿圖瓦。奧地利的大使主張利用恐怖粉碎法國大革命，「從肉體上消滅統治這個國家的整個派別」，在這樣的處境中，法國只有兩條路可走：一是坐以待斃，二是打垮敵人。

於是，在1793年到1797年的第一次反法聯盟期間，法國被迫從庇里牛斯山到北部的全部邊境上拉開戰線。

戰爭一開始，法國不僅失去先前的戰果，而且受到過幾次重創：英國人佔領土倫，奧地利人佔領瓦隆先，佩皮尼昂和貝雲被西班牙人佔領。在這種局面下，1793年年末，國民公會決定實行普遍徵兵制，即從所有年齡在18歲到40歲的法國人之中徵兵，這樣一來，大約有75萬人被成功送到戰場。法國舊的王室軍隊中的各兵團合併到自願者和新兵的隊伍中。

於是，法國軍隊再一次將反法聯軍擊退了。茹爾丹取得瓦提尼大捷，隨後，莫伯日的圍困被解救；法國採取攻勢，勢如破竹，再次佔領比利時和萊茵河西岸；奧什收復了洛林；在弗勒呂斯，茹爾丹擊敗了奧地利人，將他們趕回萊茵河，並且佔領科隆和科布倫茲；荷蘭也受到侵犯。面對法國軍隊的強力反擊，反法聯盟的君主們被迫求和，並且被迫放棄在法國的軍事戰果。

實際上，法國可以取得勝利，得益於一個事實，那就是法國的敵人一直沒有全心地投入到這場戰爭當中，他們那個時候一直忙著對波蘭進

行瓜分，從1793年開始歷時兩年多才如願以償，每一方對此都心無旁騖以期望獲得更多的領土。這個想法直接造成普魯士國王在1792年瓦爾密戰役後就選擇了立即撤軍。

此外，反法聯盟中各國的遲疑和相互之間的猜忌，也給法國人極大的喘息機會，蒂埃博將軍說，如果奧地利人在1793年夏就堅決地向巴黎進軍，「我們的失敗是必然的結果；但是他們卻錯過了戰機，結果卻為我們贏得了時間，因而我們獲得拯救」。

《巴塞爾和約》簽訂以後，在歐洲除了奧地利之外，法國已經不存在什麼對手了。在督政府統治時期，在義大利，法國向奧地利人發起了進攻，當時負責這次戰役的就是拿破崙，自1796年4月開始經過一年的戰鬥，法國再次獲得勝利，此時，最後一個敵人——奧地利人也被迫求和。

革命軍隊獲勝的心理與軍事因素

革命軍隊擁有巨大的熱情、耐性與克制力,他們對革命的原則堅定不移,並且堅信自己是一種新宗教的傳播者,而這種宗教可以使世界獲得新生,這就是他們能不斷取得勝利的原因。這不是孤例,例如阿拉伯的游牧部落在接受穆罕默德理想的宗教信仰之後,就變成一支所向披靡、攻無不克的可怕軍隊,並且在短時間裡征服了古代羅馬世界的大部分地區。共和國戰士英勇無畏、堅貞不屈的精神就來自於類似的信仰。當國民公會將統治地位讓給督政府的時候,全國已經獲得解放,於是這些戰士開始把戰爭推進到敵國境內,在這個時期,實際上,只有士兵才是真正的共和主義者。

信仰具有極大的感染力,在當時,法國大革命被視為開啟一個新的時代,因此幾個受到專制君主制壓迫的國家都把入侵者當成解放者,並且對入侵者頂禮膜拜:薩瓦的居民紛紛走到街上來迎接法國軍隊;美因茲的民眾懷著極大的熱情種植自由樹,以此歡迎法國軍隊,他們甚至效仿巴黎成立一個國民議會。

因此,只要面對的是處在封建君主專制壓迫之下的民族,法國軍隊就會很容易獲得勝利。然而,如果與法國軍隊發生衝突的民族擁有相差無幾的強烈理想,他們就會遇到重重阻礙和頑強的抵抗。

對於那些沒有明確信仰並且苦於專制壓迫的民族來說,自由和平等的新理想充滿誘惑;但是對於那些自己的理想已經根深蒂固的民族,顯

然，自由和平等的新理想束手無策。也正是因為如此，共和國的軍隊與布列塔尼人和旺代人抗爭了很多年。

1793年3月，旺代①與布列塔尼的起義已經擴散到10個地區，旺代人在普瓦圖，舒昂份子在布列塔尼共投入了8萬人參與戰鬥。

兩種對立的理想之間的衝突必然是無情的，在旺代的戰爭立即演變成極為殘酷而又野蠻的局面，其慘烈程度堪比宗教戰爭。這場戰爭一直持續到1795年，最終奧什將軍使國家獲得最後的「安定」，這種「和解」的實現只是因為其捍衛者在肉體上被消滅。

莫雷納寫道：「經過兩年的國內戰爭，旺代地區變成一片廢墟，大約有90萬人在戰亂中失去生命，倖免於難的一小部分人也無法躲過饑寒交迫，因為田地被毀壞，籬笆和牆舍被推倒，房子也被焚毀。」

大革命的軍隊可以所向披靡的原因除了他們的信仰之外，還得益於那些優秀將領的指揮，這些將領們熱情高漲，在戰場上可以身先士卒。

軍隊當中，大部分先前的將領由於貴族出身而被撤換了，於是建構一個全新的軍官集體迫在眉睫，所以一些軍事天才此時可以脫穎而出，並大展拳腳，他們在幾個月的時間裡就被提拔，越過一切軍銜。如奧什，1789年時他還是一個下士，但是在他25歲的時候就成為一個師的將軍，進而成為一支部隊的司令。這些新的軍事領袖們擁有強烈的積極進取精神，這是他們的敵人不習慣的。這些將領們完全靠軍功升遷，他們

---

1. 旺代叛亂，1793年3月10日，新生的法蘭西共和國面臨歐洲君主國聯合進攻的時候，法國西部旺代等地爆發大規模武裝叛亂。這場叛亂歷時9個月，輾轉於旺代、曼恩-羅亞爾、普瓦圖、昂熱、布列塔尼、諾曼第等廣大地區。這是法國大革命時期，規模最大、歷時最久、對革命政府構成最嚴重威脅的一場內戰。——譯者注

在戰鬥中果敢、堅強，靈活機變，可以適應新的形勢需要迅速地制定出正確的戰術策略。

儘管軍隊中的士兵缺乏與職業軍隊作戰的經驗，但是他們的訓練和操練方法很特別，與7年戰爭以來普遍使用的方法截然不同，實際上，面對這種複雜的戰略，老式的方法根本無法應對。

在戰鬥中，他們採取大批軍隊同時行動的方式來發動進攻，由於配置了很多的人，很大數量的缺口可以透過這種野蠻但很卓有成效的方式得以迅速補充。

擁有絕對數量的軍隊可以用刺刀襲擊敵人，並且快速地擊潰那些作戰保守的傳統軍隊。那個烽火傳遞資訊的時代，軍隊中資訊的更新速度很慢，因此法國人的策略比較有效，但是法國軍隊成功的代價也是十分沉重的，即士兵的大量傷亡。據統計，在1792—1800年期間，在戰場上，法國軍隊損失了超過三分之一的有生力量（200萬人之中的70萬）。

從心理學的角度來看，我們可以從這些事實當中繼續推斷出一些結論。

透過對巴黎的革命群眾和軍隊中的革命群眾進行的一項對比研究，我們看到兩幅截然相異卻很容易理解的畫面。

之前我們已經指出，群眾的行為只是受自己的感情衝動支配，根本沒有駕馭和運用理性的能力。然而，我們同時看到，群眾十分樂於接受英雄主義，甚至能經常產生高度的利他主義，因此很多人準備獻身於一種信仰。

他們的心理特徵非常複雜，而且多變，根據不同的環境可以產生相去甚遠甚至是完全對立的許多行為。國民公會及其軍隊的歷史就充分地

證明這一點，它向我們展示了由相似要素所構成的群眾，在巴黎和前線的行為方式存在如此之大的差距，以至於幾乎讓人無法相信我們談論的是相同的民族。

在巴黎的群眾是暴虐的、混亂的、凶殘的，他們變化多端，使得政府的一切管理趨於癱瘓。

軍隊的景象卻與巴黎完全不同，同樣是一群非比尋常的人：他們恪守勤勞農民具有的那種優秀品格，如本分、克制、嚴格遵守紀律；在熱情的感召下，他們積極幫助窮人，在戰場上大義凜然；他們擁有令人難以置信的應變能力，並且成功打垮了歐洲最可怕的軍隊。

紀律可以改造一個人，如果擺脫紀律的約束，無論哪個民族和軍隊都有可能蛻化為野蠻的游牧部落。但是在日常生活中這個真理卻經常被忽略，我們正在逐步背離人類集體邏輯的基本規律，卻總是喜歡追隨大眾的意志，隨波逐流，而不是學會如何去引導它。必須給群眾指明道路，因為他們不適合自己進行選擇。

| 第七章 |

大革命領袖的心理

大革命時代人的精神狀況：暴力與軟弱

　　智力和性格是一個人的基本特徵，人們往往依據自己的智力進行判斷，而根據自己的性格支配行動。只有將這兩個因素分開來考慮，才可以充分地瞭解一個人。

　　一般來說，在重大的變革時期，性格是最重要的因素。我們在前文中已經描述過在動亂時代流行的各種精神狀態，但就像我們指出的，這些亂世中流行的精神狀態均屬於一般類型，而且它們還要受到每個人的遺傳性和獲得性精神狀態的修正。

　　我們已經看到，在相當程度上，雅各賓黨人的心理受到神秘主義因素的重要影響。此外，神秘主義因素在新信仰的皈依者那裡導致一種殘忍的狂熱。與此同時，我們也看到，不是所有的國民公會成員都是狂熱的盲從者，到了後來，盲從者只佔很少的一部分，因為即使在革命議會最猖獗、暴虐之際，絕大多數議員也都是溫順懦弱的中間派。在熱月政變之前，這些中間派的議員們因為恐懼而投票贊成暴力，熱月政變之後他們又附和溫和派。

　　在革命時代，適中性格的人在人數上總是佔大多數，但是他們的選擇往往是屈從於最極端的衝動。實際上，這些人和那些暴力性格的人同樣危險，正是因為這些人的軟弱造成後者的囂張和肆無忌憚。在一切革命當中，尤其是在法國大革命當中我們已經明確地認識到：一小部分心胸狹隘，但意志堅定的人，往往可以支配通常富有才能但性格軟弱的絕

大多數人。

在一場革命當中，除了狂熱的信徒和性格軟弱者之外，還必然會出現一群為一己私利不顧一切的人。在法國大革命時期，有很多藉機謀取私利的人，如巴拉斯、塔利安、富歇、巴雷爾等，這些人的唯一政治信條就是迎合強者、欺壓弱者、謀取私利。於是從大革命一開始，就產生為數不少的這種「暴發戶」，1792年，卡米耶·德穆蘭寫道：「我們的革命深深扎根於每個人的利己主義和自愛心理，將這些集合起來就構成普遍的利益。」

如果我們在關於政治巨變時代人們所表現出的各種精神狀態的那一章中加入觀察到的這些細節，就可以得出一個關於大革命時代人們性格的一般性概念。接下來，我們就把已經得到詳細說明的這些原則運用到大革命時期最為顯赫的那些人的身上。

委員或特派員的心理狀態

在巴黎，國民公會議員們的行動更類似於隨波逐流，他們缺少主動，總是受到各種外部力量的操控、限制或鼓動。如果要對國民公會議員們做出一個適當的評價，我們就應該在他們不受外部控制、可以自由行動的時候去觀察他們，因此當國民公會派遣特派員到各個部門或地方「執行公務」的時候，就是觀察他們的最佳時機。因為在這種情況下，這些特派員們的權力沒有受到任何限制，文職官員和地方官員必須對他們絕對地服從。

對於一個「執行公務」的特派員來說，他們擁有絕對的權力，他們可以根據當時的情況，對個人財產實行「徵用」、扣押或充公；而且如果他們認為合適，可以任意抽稅，甚至可以將任何一個人監禁、放逐或斬首，在他的轄區內，他就是一個「帕夏」[1]。

這些特派員視自己為「帕夏」，他們肆無忌憚地利用自己的權勢盡情地享樂：乘坐著由6匹馬拉的奢華馬車，馬車的前後環繞著衛兵；坐在奢華餐桌旁，一邊享受美食，一邊陶醉於靡靡之音中，他們的周圍簇擁著一群演員、交際花和阿諛奉承者……在里昂情況也同樣如此，科洛·代爾布瓦的排場儼然是一個土耳其的顯貴。不斷有人請求接見，但任何

---

1. 帕夏，是鄂圖曼帝國行政系統裡的高級官員，通常是總督、將軍、高官。帕夏是敬語，相當於英國的「勳爵」，是埃及前共和時期地位最高的官銜。——譯者注

人無法見到他一面；在進入他的接待室之前得先穿過好幾個房間，而且對談時必須和他保持至少15步的距離。對於這些特派員，我們可以想像得到這些特派員出現在法國市鎮時所表現出來的傲慢和神氣，在前簇後擁的忠誠衛隊面前，無論是誰，只要稍有不軌舉動就要丟掉性命。

他們都是一些什麼人？事實上，在成為特派員之前，他們有些是生意冷落的律師，有些是沒有病人來就診的醫生，有些是被革去聖職的牧師，他們的生活窘迫不堪；頃刻之間，他們擁有絕對權力，甚至可以和歷史上最有權勢的暴君同日而語。他們毫無憐憫地斬首、溺亡、射殺，無所不用其極，於是他們從先前卑微的地位扶搖直上，一直到最顯赫的當權者。無論是尼祿還是埃拉伽巴路斯[2]的暴政都比不上國民公會的特派員們，尼祿和埃拉伽巴路斯斯實施暴政在某種程度上還需要受到法律和習俗的限制，而這些特派員們根本不受任何法律的限制。

在對那些「執行公務」的特派員的精神狀態的觀察方面，我們可把以前牧師勒蓬作為例子，來觀察他嗜血殘暴的精神狀態。勒蓬憑藉著絕對的權威蹂躪了阿拉斯和坎布雷。勒蓬和卡里埃的例子讓人們可以清楚地看到：一旦人類擺脫法律和傳統的約束，將會墮落成什麼樣子。這個凶殘的議員所表現出來的殘忍，因為虐待狂而加重，他甚至在自家的窗戶下面架起斷頭台，這樣一來，他和妻子及助手就可以立即從屠殺中獲得樂趣！而在斷頭台的底下則設立一個小酒館，一些平民可以進來喝酒。創子手們為了娛樂平民就在人行道上把被斬首者的裸屍擺放成各種

---

2. 埃拉伽巴路斯，統治極短的羅馬皇帝，被歷史記載為一個政治腐敗、殘忍，並且窮凶極惡的昏君。——譯者注

各樣的荒謬姿勢。

閱讀1795年在亞眠印刷的對他進行審判的兩本卷宗，就像是身臨一場夢魘一般。前國民公會的議員在市政廳接受審判，在20次的開庭過程中，阿拉斯和坎布雷大屠殺的倖存者們每次都經過亞眠古老的市政大廳。我們已經無法聽清楚那些悲痛的亡靈在述說著什麼，一個街區連著一個街區的人被處死；16歲的女孩和90多歲的老人就僅僅由於譴責一次審判而被殺害；一邊是被遭受凌辱、毆打致死的場景，一邊是張燈結綵、喜笑顏開的沉淪；他們總是伴著音樂執行死刑；被徵募來的童子軍守衛斷頭台；一個道德敗壞、玩世不恭的精神變態的總督；薩德的傳奇故事竟然演變成英雄的史詩。當這一幕幕駭人聽聞的事件被揭露時，彷彿在經歷了長期的恐怖統治之後，整個國家最終將它的暴戾吐淨，向那些怯懦的人復仇，但是它覆滅的那些都是不幸的人，他們儼然成為一個令人憎惡的已經消失的制度的替罪羔羊。

唯一可以為勒蓬辯護的就只有一條，即他只是在執行命令，他受到指控的那些事實已經為大眾所知，但國民公會從來沒有因此而譴責過他。

我在前面已經指出，這些「公務在身」的特派員們突然之間就擁有一種以往沒有過的最有權勢的暴君的權力，很自然地會飛揚跋扈、極度囂張，但僅僅這些還不足以解釋他們如此凶殘的原因。

他們如此凶殘還源自於其他的因素。國民公會的特派員們作為一種嚴格宗教信仰的信徒，就如同宗教法庭的檢察官，他們絕不會可憐為自己犧牲的人。而且，一旦他們與所有傳統和法律的束縛脫離了關係，最殘忍的本能也就失去約束，這時留在他們身上的就只有原始的獸性了。

文明抑制了原始本能，但是實際上卻從未在根本上斷絕過關係，獵人的捕殺欲望就是一個永久的證據。以下是庫尼塞・卡諾論述的一段話，這段文字向我們展示了在最沒有危險的遊戲中，這種遺傳性傾向是怎樣盡情揮灑其力量的，每一個獵人身上殘留的野性都被它喚醒了。

　　「可以說，為殺戮而殺戮是一種普遍存在的樂趣，它是狩獵本能的存在基礎，因為我們必須要承認，狩獵本身在現代文明國家中已經顯得無關緊要。實際上，我們延續的狩獵活動在很早之前，也就是未開化的祖先那裡是被生存所迫的：如果他們不去捕獲獵物，就得活活餓死；而時至今日，人們已經不被饑餓所困擾，因而狩獵已經沒有繼續存在的合法理由。然而，它卻一如既往地存在，我們對此無能為力，或許我們永遠無法掙脫這個強加在我們身上如此之久的枷鎖：我們無法無視自己看到動物流血時產生的那種強烈的、甚至是充滿激情的快感；當一種追求的欲望將我們控制時，我們的惻隱之心就完全煙消雲散了。最優雅、最靈敏的生靈，歌唱的小鳥，紛紛卡死在我們的陷阱中或栽倒在我們的槍口下；我們看到獵物們受驚嚇、流血，瀕臨死亡之前的痛苦掙扎，拼命地抖動根本無法支撐牠們的翅膀或用牠們可憐的斷爪尋求逃生之路，所有這一切本來都是我們的罪過，但是我們卻從罪過中得到快感，發現樂趣，甚至沒有絲毫同情的念頭……這種返祖現象是如此的強烈而衝動，即使我們當中最優秀的人也無法抵擋，這或許是我們唯一的藉口。」

　　這種異常的返祖現象在正常的年代裡，肯定會受到法律的限制，因而只能在動物的身上得到發洩；然而，當法律規範已經蕩然無存，進而無法限制它的時候，它立即就向人的身上轉移，這就可以解釋為什麼會有如此之多的恐怖份子可以從殺戮中獲得強烈的快感的原因了。卡里埃

曾經說過，他在看到那些受害者承受痛苦的面部表情時內心會感到無比的快樂，這就是一個極為典型的例子。在許多文明人當中，殘忍是一種受到約束的本能，但是它一直存在，從來沒有被根除過。

丹東與羅伯斯比

　　我們提起法國大革命的時候，不能不提到丹東和羅伯斯比，他們是大革命當中的兩個重要人物。丹東不是我要說的重點人物，因為丹東的心理狀態不複雜，甚至是我們很熟悉的心理狀態。丹東一開始的身分是俱樂部裡的演說家，性格暴烈，但是舌燦蓮花，總是熱衷於煽動聽眾；但丹東的殘酷僅僅表現在他的言辭當中，而他自己經常為這些殘酷的言辭所造成的結果感到悔恨不已。最初在上流社會中丹東很有地位、惹人注目，而作為他未來的對手羅伯斯比，相比之下就顯得非常黯淡。

　　我們必須說，丹東曾經一度是大革命的靈魂，但是他自身缺乏韌性和行為的堅定，而且他的生活非常窘困。而羅伯斯比則跟他完全不同。羅伯斯比以不間斷的狂熱，最終非常強硬地擊敗了丹東間歇性的努力，但令人感到吃驚的是，像羅伯斯比這個強硬的民眾領袖的最終結局竟然是被軟弱而平庸的對手送上斷頭台。

　　作為大革命中最具影響力的人物，羅伯斯比已經被人們反覆加以研究，但研究的成果卻不是很多。無論對大革命的敵人，還是對那些根本不可能敵視現存政府的同僚，對他們來說，想要弄清楚賦予羅伯斯比生殺予奪的大權到底是一種什麼樣的巨大力量非常不容易。

　　當然，對於這樣的解釋，我們無法滿足：米什萊認為羅伯斯比的成功得益於他的原則，泰納認為羅伯斯比是一個沉溺於抽象觀念的冬烘先生，與羅伯斯比同時代的人威廉斯說：「他經常透過誹謗或栽贓陷害而

將對手搞得臭名昭著，這也是他統治的一大秘密武器，並且以此作為實現他野心的鋪路石。」

有些人指出羅伯斯比雄辯的口才是他成功的關鍵，這是不得要領的：羅伯斯比的演說內容通常是一堆艱深晦澀的抽象文字，在演講時他總是把眼睛掩藏在風鏡背後，並很痛苦地宣讀他的演說。放眼於整個國民公會，才華出眾的雄辯家不計其數，如丹東和吉倫特黨人，但是最後，這些擁有雄辯口才的人都被羅伯斯比擊敗了。

我們確實無法接受這樣的主流觀點，即最後獲得勝利的總是獨裁者，在國民公會裡，羅伯斯比沒有絲毫影響力，但儘管如此，他仍然逐漸成為議會和雅各賓黨人的主人。俾約-瓦倫說：「羅伯斯比進入救國委員會的時候，他就已經成為法國最重要的人物。」

米什萊寫道：「羅伯斯比的歷史是一段驚人的歷史，令人感到不可思議……甚至他的歷史比拿破崙的歷史更了不起。在政壇中，羅伯斯比不露痕跡地崛起，看不到他使用任何手腕，也看不到他勢力的增長。但就是這個天賦中等、一絲不苟、盡忠職守、正直的人，卻能崛起於一夜之間，我無法理解這是一個什麼樣的大變革，哪怕在《天方夜譚》裡也找不到這樣的事例。羅伯斯比隨即擁有比君主還要高的權威，並猛烈地抨擊教權。」

當然，羅伯斯比獲得的成功得益於他所處的環境，民眾視他為主人，並希望在他這裡尋求安慰，每個人都需要有一個偶像，令人震驚的是當時他已經聲名鵲起，我們試圖尋找的是他迅速崛起的原因。我很願意相信羅伯斯比身上擁有一種特殊的個人魅力，只是我們還沒有發現，關於這一點，我們可以從他與婦女的良好關係中得到驗證。在那些日

子裡，「羅伯斯比的演講可以讓婦女們痛哭流涕。……坐在看台上的七八百人發出雷鳴般的掌聲。在雅各賓俱樂部，羅伯斯比的講話引來女人們動情的嗚咽和呼喊，男人們的跺腳聲則似乎要把大廳震翻。」甚至一個每年擁有1.6萬英鎊收入的年輕寡婦夏拉布林夫人給羅伯斯比寫了一封熱情洋溢的情書，並急切地盼望嫁給他。

實際上，我們不可能從羅伯斯比的性格中找到他受到人們普遍歡迎的原因：他資質平平，總是抓不住現實而沉溺於幻想當中；他是個性情急躁的憂鬱症患者；他狡猾而造作；他極端的自負，這是他性格中最為突出的一點，而且這種自負日漸增長，並且在他末日來臨時達到最高點。作為一個新宗教的大主教，羅伯斯比一直堅信自己是受上帝的指派而來到人間建立美德統治的，甚至他聲稱自己就是永恆之主應允派來改造塵世的彌賽亞[1]。

為了獲得文字上的虛榮，羅伯斯比竭盡全力地修飾自己的演講稿。羅伯斯比十分嫉妒卡米耶・德穆蘭這樣的雄辯家或文學之士，這也正是導致他們死亡的原因之一。

「那些飽學之士是暴君怒火發洩的特殊對象，」我們以上援引過的那位作者寫道，「對於他們，羅伯斯比懷著一種對同僚的嫉妒，其中夾雜著被壓抑者的憤怒，因為在迫害他們時羅伯斯比所表現的憎恨，與其說來自於他們對其專制的反抗，不如說來自於他們使自己黯然失色的才

---

1. 彌賽亞，是一個《聖經》詞語，與希臘詞語「基督」是同一個意思，在希伯來語中，最初的意思是受膏者，是指上帝選中的人，具有特殊的權力，是一個頭銜或稱號，而不是名字。——譯者注

華。」

　　對他的同僚們，獨裁者極為蔑視，關於這一點，他自己也供認不諱：他選擇在盥洗的時候接見巴拉斯，在修完鬍鬚以後，對著他的同僚漱口，根本無視他的存在。在回答問題時他的態度更是極端傲慢。資產階級和議員們在他的眼睛裡發現的全部都是鄙視，只有群眾才可以在他的眼裡發現善意。「至高無上的民眾在行使他的權力時，」他說，「在他面前我們只有低頭，因為他所做的一切都是美德和真理，不存在任何的過激、錯誤和罪惡。」

　　羅伯斯比患有一種疾病，即被迫害妄想症，這導致他砍掉別人的頭顱不只是因為他肩負著尋找信徒的使命，還因為他確信自己處在敵人和陰謀者的包圍之中。對此，索雷爾寫道：「儘管羅伯斯比所顧慮的那些同僚們是那樣的懦弱和膽怯，但是對他來說，同僚給予自己的恐懼還是不斷增長。」

　　在長達五個月的時間裡，羅伯斯比對所有人實行了絕對的專制，這是某種領袖權力的一個令人震驚的例子。一個暴君在軍隊的支持下，可以毫不費力地摧毀任何一個他想除掉的人。關於這一點，我們可以理解。然而，僅憑一人之力竟然成功地將大量與自己平起平坐的人推向斷頭台，這確實是一件匪夷所思的事情。

　　羅伯斯比手握的權力是那樣的專橫，以至於他輕易地將最顯赫的國民公會議員送上革命法庭，這也就意味著將其送上斷頭台。吉倫特黨人曾經位高權重、顯赫一時，但是在羅伯斯比的面前是如此不堪一擊，甚至羅伯斯比對可怕的巴黎公社發起了進攻，並且處死它的領袖，而代之以一個完全聽命於他的新公社。

羅伯斯比為了加快除掉自己討厭的那些人，成功誘使國民公會頒布牧月法令，該法令允許處死僅僅有嫌疑的人。羅伯斯比借助牧月法令在49天內在巴黎處死1373人。在瘋狂恐怖之下，羅伯斯比的同僚們成為犧牲品，他們再也不敢在自己家裡安然入睡；每次召開會議，僅有不到100名代表出席；大衛說：「我相信我們山嶽黨人在大恐怖下將不會剩下20個成員。」

然而，最終羅伯斯比被送上斷頭台的原因，正在於他過於信任自己的權力和國民公會的懦弱。羅伯斯比企圖讓國民公會投票通過一項措施，該措施將允許不經過議會授權，而僅憑救國委員會的命令就可以把國民公會的代表送上革命法庭，也就意味著將其處死。對此，平原派的一些成員和幾名山嶽黨人私下合謀，並且意圖推翻他。因為塔利安清楚地知道自己已經被列入死刑的黑名單，所以他無所畏懼，並且在國民公會的會議上極力控訴羅伯斯比的暴政。面對塔利安的控訴，羅伯斯比企圖透過宣讀在手裡保存了很久的一份演講稿來為自己進行辯護，但是很快他就意識到這樣做於事無補：以邏輯的名義摧毀對手是可行的，但以邏輯的手段來領導議會卻是天方夜譚。在會議上，合謀者的叫喊聲將羅伯斯比的辯解聲淹沒；精神是可以傳染的，於是在場的許多議員都跟著合謀者重複喊起「打倒暴君！」的口號，這就足以讓羅伯斯比垮台。議會顯示了其強硬的一面，當機立斷，逮捕了羅伯斯比等人，並直接宣判了對他的指控。

羅伯斯比被捕後，巴黎公社準備營救他，但議會宣布被捕者「不受法律保護」，在這個充滿魔力的口號的影響下，羅伯斯比的垮台已經無可挽回。

「在這個時期，如果被宣判得不到法律的保護，」威廉斯寫道，「對一個法國人來說，就等同於被宣判患上瘟疫；宣判得不到法律保護就等於被強行剝奪了民事權，這就好比人們相信自己會因患者所呼吸過的空氣而受到感染一樣。議會的這個宣告對那些曾經把大炮對準議會的炮手們同樣有效，根本不需要進一步的命令，只需聽到公社已經『不受法律保護』的消息之後，炮手們心領神會地立即掉轉炮口。」

羅伯斯比及其所有同夥在熱月②10日到21日之間統統都被送上斷頭台；次日，新的一批70名雅各賓黨人步上他們的後塵；再後一天，又有13人被送上斷頭台。於是，持續長達10個月的大恐怖終於宣告結束了。

大革命期間，雅各賓派在熱月的垮台是最令人不可思議的心理事件之一，促成羅伯斯比垮台的那些山嶽黨人或許做夢也不會想到自己親手終結了大恐怖。

塔利安、巴拉斯、富歇等人推翻羅伯斯比的目的，只是因為羅伯斯比曾經鎮壓了埃貝爾、丹東、吉倫特黨人及其他許多人。然而，他們從群眾的歡呼聲中得知羅伯斯比之死被視為大恐怖的終結時，這些人立即裝出一副已經預料到的嘴臉。而實際上，他們這樣做更多是迫不得已的，因為平原派——也就是議會中的大多數人——曾經完全屈從於羅伯斯比的控制，而目前，他們要做的就是猛烈地攻擊這種政策，長期以來，哪怕是在他們對之無比憎恨的時候，也還要在表面上做出支持它的樣子。最恐怖的事情莫過於一群人曾經恐懼過，但現在已經沒有絲毫恐懼了：平原派要為自己在山嶽黨人當政期間經歷的恐怖復仇，他們反過

---

2. 1794年7月。——譯者注

來要對山嶽黨人實施恐怖政策。

在國民公會中，羅伯斯比的同僚們對羅伯斯比的奴顏媚骨、低眉順耳，根本不是心悅誠服地順從。只是因為獨裁者讓他們感到一種心理上恐懼，所以他們極力吹捧他、讚揚他、裝作順從他的樣子，但是在這些欽佩和熱情的掩飾之下，內心卻快速地滋長著一股強烈的仇恨之情。在1794年8月11日、15日和29日的《政府通報》上，我們看到各個代表們所撰寫的報告，尤其是關於「羅伯斯比、庫東和聖茹斯特這三駕馬車的陰謀」的報告時，同樣會感到匪夷所思，哪怕奴隸也不會對一個垮台的主人如此惡言相向吧！

在報告裡，我們看到這樣的話，「這些惡魔一度重新運用了最恐怖的馬略和蘇拉的伎倆」，羅伯斯比被視為一個窮凶極惡的人；我們被告知「與卡利古拉一樣，他不久就會要求法國民眾對他的坐騎也要頂禮膜拜……為了保證他自己的安全，對於那些哪怕引起他一絲懷疑的人也要處死」。

但是，這些報告沒有注意到，他們所影射的馬略和蘇拉的權勢都有強大的軍隊作為支持，而對羅伯斯比來說，除了多次得到國民公會議員們的縱容之外，他的權力沒有得到過任何支持。如果不是議員們的極端膽怯，獨裁者的權力恐怕一天也維持不了。

誠然，羅伯斯比是歷史上最可恨的暴君之一，但是與其他所有的暴君不同的是，羅伯斯比在沒有得到軍隊的支持下，就實行了長達幾個月的暴政。

或許，我們可以這樣總結羅伯斯比的信條：除了聖茹斯特之外，他是雅各賓信仰最完美的化身，在他身上非常明顯地展現了雅各賓信仰

狹隘的邏輯、強烈的神秘主義色彩。以至於時至今日仍然有許多仰慕者對他頂禮膜拜，昂墨就曾公開稱羅伯斯比為「熱月的殉道者」。甚至已經有人提議為羅伯斯比樹立一塊紀念碑，對此，我欣然接受。因為它有助於保存這樣的證據：只要領袖們掌握操縱運作之道，議會將是何其溫順，群眾將是何等的盲目；羅伯斯比的塑像將讓我們回想起，即使是在國民公會企圖推翻他的前一天晚上，議員們還在為獨裁者最具威脅的措施發出讚許和歡呼。

富基耶-坦維爾和馬拉及俾約-瓦倫等人

從前文中，我們已經看到生性殘忍的革命者，由於摻雜恐懼、憎恨和其他的一些情感，他們的暴行更加變本加厲。

作為革命法庭的檢察官，富基耶-坦維爾給人留下非常可怕的印象。革命前，富基耶-坦維爾頗有慈善、仁義的美名，但革命卻使其變成一個殘酷無情的嗜血者，或者我們應該說革命激發出他隱藏的殘忍欲望，以至於對富基耶-坦維爾的回憶只能喚起人們的極度厭惡，但是這也正好可以證實我在其他著作中的一個觀點，即人的某些本性在革命時期會發生質變。

在君主制遭到顛覆的時候，富基耶-坦維爾還過著貧困潦倒的生活，在這場社會巨變中，所有的一切他都渴望得到，但卻不怕失去任何東西。富基耶-坦維爾屬於在動亂時期樂於把無政府狀態一直維持下去的那種人。

國民公會賦予富基耶-坦維爾權力，於是富基耶-坦維爾必須要對近2,000名被告的命運做出判決，在被告中有瑪麗‧安東妮、吉倫特黨人、丹東、埃貝爾等。富基耶-坦維爾立即處決了全部嫌疑犯，並且不假思索地背叛自己先前的保護人，一旦他們中的哪一個人落入自己的手中，毫無疑問，他都會進行指控。

富基耶-坦維爾非常低劣的靈魂在大革命的漩渦裡如魚得水，並且將自己發揮到極致。如果在正常的年代裡，由於受到職業規則的限制，富

基耶-坦維爾終其一生可能就是一個平淡無奇的公務員，這正是他在革命法庭的副手或說代理人吉爾伯特・林登的命運寫照。一個有序社會的一個最大的好處就是它確實可以對那些危險份子進行遏制，對於那些人，想要控制住他們，就只有透過社會的約束。

也許，富基耶-坦維爾至死都沒有搞清楚自己被判有罪的原因，從革命的角度來看，對富基耶-坦維爾進行審判不存在任何理由。難道富基耶-坦維爾不是僅僅在無條件地服從並執行他上級的命令嗎？將富基耶-坦維爾與派往各省的、完全失控的特派員們混為一談不是一個合理的做法，國民公會的議員們對他經手的全部判決進行審查並且最終得到批准。如果上司們對富基耶-坦維爾的暴行及他審判囚犯的簡便程序不給予支持和鼓勵，他又如何可以保住自己的職位？實際上，國民公會在宣判富基耶-坦維爾罪行的同時，也等於在宣判自己那套令人驚駭的統治體制有罪。對此，國民公會瞭若指掌，但是仍然把一些恐怖份子送上斷頭台，富基耶-坦維爾只是其中的一個忠實代表而已。

除了富基耶-坦維爾之外，我們還可以提到革命法庭的主持人迪馬，他也表現出一種極端的殘酷，而且這種殘酷伴隨著強烈的恐懼心理而日漸濃厚。在外出時，迪馬的身上總要帶上兩把荷槍實彈的手槍，他在自己的住宅裡外設置了重重障礙，以至於來訪者只能透過一個窗戶和他說話。迪馬對所有人都不能完全信任，哪怕是自己的妻子，他把自己的妻子投進了監獄，甚至打算在熱月前將其處決。

在國民公會揭露的一些殘酷的人當中，俾約-瓦倫是最瘋狂、也是最殘忍的一個，甚至他可以被視為一個像野獸一般凶殘的完美典型。

哪怕是在極度憤怒與痛苦的情況下，俾約-瓦倫也可以保持平靜，做

到喜怒不形於色，並且可以很有條理地完成自己的任務——一項可怕的任務：在阿培監獄大屠殺時，俾約-瓦倫代表管理方向劊子手表示祝賀，並且許諾給他們很多賞金，隨後就如同散步一般大搖大擺地回家了。俾約-瓦倫身兼數職：國民公會的議長、救國委員會的委員、雅各賓俱樂部的主席。任職期間，俾約-瓦倫先是把吉倫特黨人送上斷頭台，然後將王后送上斷頭台。曾經資助俾約-瓦倫的丹東這樣評價他，「俾約是佛口蛇心的小人」；俾約-瓦倫先後批准了里昂的炮擊、南特的溺殺、阿拉斯的屠殺；他還組織了以殘忍而著稱的奧倫治委員會；他參與了牧月法令的炮製，並且曾經千方百計地懲惠富基耶-坦維爾；在全部死刑判決書上都留有他的簽名，通常都是位列第一，而且通常都是當著同僚的面第一個簽字；他沒有任何同情心、感情和熱情可言；其他人害怕、遲疑、退縮的時候，他卻誇下海口要「揪住獅子的鬃毛」自行其是；為了使自己陰沉冷漠的面孔與周圍的熱烈氣氛協調一致，他戴了一副黃色假髮，除了俾約-瓦倫那個陰險的腦袋之外，任何人帶了這副假髮都會讓人忍俊不禁；羅伯斯比、聖茹斯特和庫東遇難時，俾約-瓦倫毫不猶豫地棄暗投明，並且將羅伯斯比等人送上斷頭台……沒有人知道他這麼做的原因，也沒有人知道他到底是什麼居心，表面上看，他沒有任何野心，既不愛權，也不貪財。

對於為什麼俾約-瓦倫會有這樣的行為，我們這樣認為：某些罪犯對血有強烈的渴望。這一類的罪犯非常嗜血，就是為了殺戮而殺戮，就好像運動員的射擊遊戲，他們的興趣僅僅在於體驗破壞的快樂。一般來說，在正常時期，具有嗜血傾向的人出於對警察和絞刑架的恐懼而克制了內心的衝動，但是如果他們得到自由發洩的機會時，任何東西都無法

阻止他們內心的衝動，俾約-瓦倫等人的情況就是如此。

　　相比其他人而言，馬拉有更複雜的心理狀態，這不只是因為他對殺戮的渴望中還摻雜其他因素，即曾經受創的自尊、野心、神秘主義信仰等，而且我們還必須把他當作半個精神錯亂者來看待，實際上，馬拉一直飽受各種頑固思想和自大症的折磨。在大革命爆發之前，馬拉提出一些偉大的科學構想，但是無人欣賞他的才華，也沒有人對他感興趣；馬拉一直夢想著榮譽和地位，但結果卻只在一個大貴族家裡謀得一個地位卑微的差事。大革命的爆發，為馬拉打開前途無量的未來之門，他對不認同自己才能的舊制度十分痛恨，於是他懷著滿腔仇恨成為那些暴虐之徒的首領。在公開進行九月屠殺之後，馬拉創辦了一份雜誌，在雜誌上，他公然抨擊每個人，並且不斷地叫囂要求判處更多的死刑。

　　馬拉所說的每一句話都要談到民眾的利益，一時之間，他成為群眾的偶像，但是他周邊的絕大多數同僚都非常鄙視他。就算馬拉可以逃過夏綠蒂・科黛①的匕首，也必然躲不了被送上斷頭台的命運。

---

1. 夏綠蒂・科黛，法國大革命過程中刺殺革命中的風雲人物馬拉的刺客，出身於沒落貴族家庭，在修道院裡長大並且接受教育。由於刺殺馬拉，她最終被判處死刑。——譯者注

大革命以後倖存的國民公會成員的命運

在國民公會中，除了心理狀態呈現特殊個性的成員之外，還有一些「新寬容派」，例如：巴拉斯、富歇、塔利安、梅蘭（蒂永維爾人），他們這些人沒有絲毫的原則和信仰，只是根據時局變化伺機而動。這些人想盡辦法從民眾大眾的不幸遭遇中聚斂財富，或許在正常的年代他們只會被視為十足的無賴，但是在革命時期，似乎一切善惡的準則都消失殆盡。

除了頑固堅持政治理想的幾個雅各賓黨人之外，大多數人將財富弄到手之後就毫不猶豫地與自己的信仰徹底決裂，投入拿破崙麾下。例如康巴塞雷斯[1]在與淪為階下囚的路易十六的談話中把他稱為路易・卡佩，等到帝國時，他卻要求自己的朋友們在公開場合稱呼他「殿下」，而在私人場合則稱呼他「閣下」。

大多數雅各賓黨人都十分富有，而沙博、梅蘭、巴拉斯、巴齊爾、塔利安、布林索、巴雷爾等人都擁有城堡和大量地產，而那些至今還不富裕的人不久也會有萬貫家財……在共和三年的委員會中，僅熱月黨的成員當中就有1個未來的公爵、13個未來的伯爵、5個未來的男爵，有7個

---

1. 康巴塞雷斯（1753—1824），法國傑出的法律職業工作者和政治實務家，在處決路易十六的問題上投下贊成票，曾經協助拿破崙實現霧月政變（1799年11月9日），並且在後來的執政府中擔任第二執政和拿破崙的高級法律顧問，在政治上頗得拿破崙信任，在拿破崙統治時期，是權力和地位僅次於拿破崙的政治家之一。——譯者注

未來帝國的參議員和6個未來的地方議員；在國民公會裡，除了他們之外還有未來的勒戈爾特伯爵和奧特朗托公爵，共有不少於50個共和派在15年後都擁有頭銜、馬車、養老金、紋章外套、羽飾、必要的不動產、旅館及城堡；富歇去世時竟然擁有60萬英鎊的資產。這是馬德林記述的。

於是，曾經受到嚴厲譴責的舊制度下的特權在短時間裡又因資產階級的利益而死灰復燃。為了實現一個這樣的結果，將整個外省付之一炬、使苦難四處蔓延、使無數家庭陷入絕望、毀滅法蘭西、顛覆歐洲，甚至在戰場上犧牲幾百萬人的生命都是必要的！

在即將結束這一章之際，我們回顧一下我們對這個時期的人們可能做出的評價。

對於倫理學家來說，他們必須要對某些個人的道德品行做出嚴格的區分，是非善惡要一清二楚，因為社會要成功地延續下去必須要遵從的標準是他們所依據的評判標準；但是對於心理學家來說，則不能如此：心理學家的目標首先是理解，知道其所以然，在徹底的理解面前批評將退隱消失。

人的心靈非常脆弱，一般來說，在歷史舞台上粉墨登場的木偶很少能擺脫驅動自己運轉的力量，那些專橫的力量包括遺傳、環境與現狀。現在，我們正試圖對那些人的行為做出解釋，但是沒有任何人敢肯定地指出假如自己就是那些人，我們將會做出什麼樣的行為。

第五卷

古代傳統與革命原則
之間的衝突

第一章

無政府狀態的最後掙扎

督政府的心理

　　人們一般認為，當一些人加入各種革命議會後，這些人的心理狀態可能是非常相似的。因為一種不變的環境往往意味著性格的穩定。這種想法一般來說沒有問題，但是如果環境發生像大革命時期那樣的急遽變化，人的性格必然會隨之改變以適應環境，督政府的情況正是如此。

　　我們先來看一下督政府的構成：幾個截然不同的議會，包括兩個大議會及其不同類別的代表組成；由五個督政官組成的小議會。督政府中兩個較大議會非常軟弱，這很容易使人們回想起國民公會，因為督政官們已經有效地防止了諸如民眾暴動等類事件的再次發生，因此國民公會將不再受民眾暴動的脅迫，但可憐的是，它們必須無條件地服從督政官們的專斷指令。

　　透過選舉的方式而產生的第一類代表大多數都是溫和派，雅各賓黨人的暴政已經讓他們感到了厭倦。新的議會夢想著在一片廢墟的法蘭西重建自己的家園，甚至想要建立一個沒有暴力的自由政府。

　　然而，這些溫和派的代表們與前任代表一樣，總是會發現事情與他們想像的存在很大差距，或許可以說這是大革命的一條規律——事情的發展往往不以人的意志為轉移。代表們力圖挽救敗落的國家，但結果卻給國家帶來新的禍患；代表們希望恰到好處，但結果卻仍然毫無節制；代表們立志實現宗教和平，最終卻用比大恐怖時期更為嚴酷的方式迫害、屠殺牧師；代表們企圖將雅各賓黨人的影響清除，但結果卻被牽著

鼻子走。

　　小議會的心理狀態與下議院①完全不同。面對每天出現的新困難，大議會對之視而不見，一門心思想著實現自己的抱負，而督政官們卻不得不直面並解決它們。

　　在督政官當中盛行一種很簡單的想法，他們首先想到的是如何保住自己法蘭西主人的地位，而對原則沒有絲毫興趣。為了實現法蘭西主人的目的，督政官們毫不猶豫地採取最不明智的措施，甚至為了清除障礙取消許多地區的選舉。督政官們意識到自己不具備統治法國的能力，索性就聽之任之。督政官們竭盡全力採用專制的手段控制法國，卻從來沒有真正地治理法國，而在這個關鍵時期，法國最需要的就是治理。

　　一般來說，人們總會有這樣的印象，即在歷史上，國民公會是一個強硬的政府，而督政府卻是一個軟弱的政府。但是，真實情況則正好相反：稱得上強硬政府的正是督政府，而不是國民公會。

　　如果我們從心理學角度看，或許就可以很容易解釋為什麼督政府時期與國民公會時期的政府之間存在很大差異，只要我們記住一個事實：一個由六七百人構成的集體特別容易受到感染性狂熱情緒的影響，如8月4日夜裡貴族主動放棄自己的特權；甚至容易受到個別意志堅強者一時衝動的支配，如他們公然挑釁歐洲諸君主。然而，這樣的熱情或衝動很短暫，不會擁有持久而強大的力量；一個5人構成的集體很容易被一個人的

---

1. 下議院，又稱為五百人院，因為《法國共和三年憲法》規定的兩院制議會而來，由500個人組成，存在時間是1795年11月2日至1799年11月10日，下議院除了作為立法機構以外，還有權力提名5位督政官。——譯者注

意志所影響，所以更容易受到持之以恆的決心的影響，也就更容易形成並且遵循一個固定的行為模式。

　　儘管事實證明督政府時期的政府缺乏治理能力，但是它從來不缺乏堅強的意志：無論是對法律的崇敬、對公民的顧慮，還是對公眾福利的熱愛，它的行動不受任何條件的制約；它把一種專制強加給法國，而且這種專制程度之高絲毫不比大革命開始以來的任何一個政府遜色，甚至包括大恐怖時期的政府。

　　儘管督政府採取的方法與國民公會的方法類似，並且它以一種極為殘暴的方式統治著法國。然而，與國民公會一樣，督政府自始至終都不是法國的真正主人。

　　這個事實再次證明之前的論斷——物質的強制不足以支配道德的力量。無論怎樣強調都不為過的就是人類的真正指導原則是其歷代祖先建立起來的道德架構。

　　我們已經習慣在一個井然有序的社會裡生活，並得到法律和傳統的庇護，因此我們很難想像假如一個國家的這個基礎被抽空將會是一個什麼樣的生活狀態。我們對周圍的環境，只看到其令人厭惡的一面，而很容易忽視，社會只有在強加了某些限制的條件下才可以存在。人類某些野蠻的自然本能受到法律、禮儀和習俗的制約，而這些本能在我們身上從來沒有消除過。

　　國民公會及其承接者督政府的歷史證明：一個民族如果摧毀了自己的傳統結構，並且妄圖憑藉不充分的理性來充當人為的社會黏合劑，將會造成什麼樣的混亂。

大恐怖再起，督政府的專制統治

督政官們為了轉移民眾的注意力，使軍隊忙於軍務而無暇顧及其他，並且透過掠奪來獲取財富，他們決定再次發動征服戰爭。事實證明，這是非常有效的：軍隊贏得了驕人的勝利，尤其是在義大利。

一些被入侵的民族想法非常幼稚，甚至還在指望入侵者們可以保護他們的利益，但是隨著時間的推移，他們很快就發現一切軍事行動都伴隨著壓迫性的稅收、對教堂和國庫的掠奪等。

督政府的這個擴張政策所造成的最終結果就是一個新的反法聯盟的形成，而且該聯盟一直持續到1801年。督政官們所關心的就是如何與一系列的陰謀作鬥爭以保住自己的權位，而對自己在重建國家方面的無能和國家的狀況漠不關心。

因為各個政治派別的武裝尚未解除，所以這項任務足以使督政官們自顧不暇。國家的無政府狀態已經達到無以復加的地步，以至於所有的人都在強烈企盼一股強大的力量來恢復秩序。此時，每個人都能感覺到督政府及共和政體將不復存在。在這種狀態下，一些人妄圖重建恐怖體制，一些人夢想著復辟王政，而其他人則在期待一位將軍主政，只有購買國有財產的人害怕政府發生任何變動。

督政府越來越失去人心，1797年5月，議會中有三分之一的成員改選，而新當選的議員當中的大多數人都對督政府體制充滿敵意。督政官們當然不會被這樣的小事所干擾，他們立即宣布49個地區為無效的選

舉，並取消了154名新議員的資格，其中還流放了53人。在流放的人之中，有大革命時期最出色的人物——波塔利斯、卡諾、特隆松·杜·庫德雷等。

軍事委員會是督政府的擁護者，他們以暴力恐嚇民眾：任意處死160人；將330人放逐到圭亞那，其中有一半的人在流放不久之後就死了；驅逐了大批回到法國的流亡者和牧師，這就是所謂的「果月政變」。

溫和派是「果月政變」的主要打擊對象，隨後激進派也遭到迫害。督政官們發現雅各賓派的議員數量較多，於是宣布取消了其中60人的選舉資格。

在上述事實中，督政官們的專橫跋扈被展現得非常明顯，並且在那些措施的具體細節中明顯地暴露出其本性。我們看到的是，與大恐怖時期最殘忍的代表們相同，法國的新主人——督政府嗜血成性、極端殘酷。

雖然督政府沒有將架起斷頭台當作家常便飯，但是他們卻以流放的形式來代替斷頭台，受害者基本上沒有生存的機會。例如：將受害者裝在鐵籠裡送到羅什福爾，把他們丟在各種惡劣的環境中，之後，再把他們塞到小艇上運走。

「在代卡德到貝翁內瑟之間的甲板上，」泰納說：「在熱帶的高溫下，空氣的缺乏使得那些可憐的囚犯們將要窒息，在飽受凌辱之後，囚犯們最終因為饑餓或窒息而死；等到圭亞那航程結束時，被押送的193名犯人經歷了22個月才到達代卡德，那個時候存活下來的囚犯只剩下39人；而送抵貝翁內瑟的120名囚犯中，只有1人倖存。」

督政官們看到各地都有天主教復興的跡象時，他們就認定這些神父

正在有所圖謀，暗中反對他們，所以僅僅一年當中，就有1,448名牧師被驅逐或送上船艇，毫無疑問，這些人當中的大多數都被草率地處以死刑。事實上，大恐怖已經完全捲土重來了。

目前，督政府的獨裁專制已經向各個行政部門逐漸滲透，其中以財政部門最為明顯。如果督政府想要收取6億法郎的稅收，就會強迫那些議員們通過一項增稅法案，但最終的結果卻很不理想，只收到了1200萬法郎；一計不成，它又決定強制借貸1億法郎，這個政策造成的直接後果就是大批工廠倒閉、商業停滯和工人失業，督政府憑藉這個毀滅性代價換取了4000萬法郎的收入！

督政府為了更有效地對外省實施控制，通過了所謂的《質押法》（The Law of Hostages），這部法律的實施使每個地區都因五花八門的過失而上繳了一大批抵押財產。

不難想像，這個體制極易讓人們產生憎恨之情，截止1799年底，有14個地區陸續發生叛亂，46個地區的起義一觸即發。假如由督政府繼續執政，社會的徹底解體將是一種必然。

我們僅僅從財政的角度來說，當時社會上已經存在非常嚴重的解體現象：無論是金融，還是工商，一切都處於一種瀕臨崩潰的狀態；作為流通貨幣的指券貶值到原來價值的百分之一，相應的財政部的借貸收據幾乎成為一堆廢紙；對公務員和政府債券的持有者來說，他們是不可能拿到報酬和回報的。

此時的法國在外國旅行者的印象中是這樣的：飽受戰爭蹂躪，並且被其居民遺棄的一個國家。工廠和商業基本處於歇業狀態；在里昂，15,000家工廠和作坊中有13,000家被迫關閉，里爾、利哈佛、波爾多、里

昂、馬賽等地都變成一座座死城；被毀壞的橋樑、堤壩和荒廢的建築物使得交通被阻塞；廢棄已久的道路上經常出現土匪，他們對過往的行人和車輛燒殺搶掠，甚至在有些地段，如果不從這些幫派的頭目那裡購買通行證，就別想通過；當時的普遍狀態就是貧窮與饑荒並存。

同樣駭人聽聞的則是道德上的混亂與失序：一個新的社會階層獨自享有珠寶、奢侈與享樂的欲望、豪華的宴會及美輪美奐的豪宅。這個新階層包括股票經紀人、軍隊承包商及那些靠掠奪致富的名不副實的金融家，這些人使巴黎看起來呈現出一派繁華祥和的虛假景象，同時許多研究這個階段歷史的歷史學家也被這番景象迷惑，在極度奢侈揮霍的背後，掩蓋著普遍的窮困。

對於我們理解謊言所編織的歷史來說，書籍中的督政府編年史極其有用。近年來，戲劇當中經常出現以這個時期為題材的故事，並且仍然有人記得這種風尚，一種大恐怖後的歌舞昇平深深地印在人們的腦海中。但是實際上，比起大恐怖來，督政府上演的戲劇幾乎沒有任何改進的地方，其殘忍暴虐毫無二致。最終督政府激起人們極大的憎恨，以至於它感覺到自己的統治難以為繼，於是他們就為自己物色了一個獨裁者，使這個獨裁者不僅可以成為自己的代表，而且還可以維護他們的利益。

拿破崙的崛起

在督政府統治的後期，法國已經完全陷入無政府狀態，社會也在整體上趨於解體，以至於每個人都在渴盼出現一個強有力的可以恢復社會秩序的領導者。一些議員早在1795年就曾經考慮透過王朝復辟來挽救這個國家，但是路易十八卻宣稱要完全恢復舊秩序，將所有財產都物歸原主，並且嚴懲那些參加革命的人，所以路易十八的提議很快就被人拋之腦後。基伯龍（Quiberon）毫無意義的冒險，也最終使那些未來王權的支持者不再支持他。在整個大革命期間，保王黨人表現出來的平庸無能和心胸狹窄都很好地證明對他們採取的絕大部分措施是合情合理的。

既然恢復君主制已經不可能，目前最重要的就是尋找出一位將軍來挽救國家。當時拿破崙是唯一一個擔此重任的人。拿破崙因義大利戰爭而名聲大噪，穿越了阿爾卑斯山之後，他取得了一次又一次的勝利，他先後攻破米蘭和威尼斯，幾乎攻無不克、戰無不勝、所向披靡。然後，拿破崙挺進維也納，當奧地利皇帝決定戰敗求和的時候，他的軍隊與維也納的城門僅僅有25里的距離。雖然拿破崙的聲望日漸高漲，但是他沒有因此而滿足，為了進一步提高自己的名望，他說服督政府入侵埃及，希望藉此削弱英國的勢力，於是1798年5月，拿破崙從土倫誓師並向埃及進發。

拿破崙之所以不斷培育個人的威望，其實是出於心理學的考慮：長期以來，那些擁有強勁實力的將軍們不斷勸說這位出生於義大利的將

軍採取措施，登上共和國元首的寶座，但都遭到他的斷然拒絕；因為他還沒有把握僅靠自己的力量就可以穩操勝券。拿破崙深諳統治的藝術和這個偉大民族所需要的東西；他的想法與大革命時代的人和議會的想法存在很大的分歧，他知道自己現在還不能肆意妄為，他不願意拿自己聲譽去做賭注。於是，他決定向埃及出發，一旦時機成熟，他就會東山再起。

實際上，拿破崙在埃及待的時間不長，很快就被他的朋友召回國了。拿破崙在弗勒雷茹斯登陸，對於他的歸來，兩位督政和一些主要部的部長們已經事先做好了準備：人們熱情滿滿，到處張燈結綵。拿破崙的計畫在不到三個月的時間裡就得到推行，霧月十八日政變①輕易地取得了成功。

所有的派別在擺脫那些長期壓迫、剝削國家的邪惡小人之後，都精神抖擻、準備大幹一番。毋庸置疑，法國將會出現一個專制政體，但是它不會像督政府一樣令人無法容忍。

霧月政變這個事實充分證明前面已經闡述的一點是正確的，即從表面上看，那些看來似乎很容易理解和確認的歷史事件，無論多少人有過親身經歷，仍然不能形成一個準確的判斷。

30年前人們對霧月政變是如何評價的？霧月政變被視為一個野心家所犯下的政治罪行。但是實際上，在整個事件當中，軍隊發揮的作用不

---

1. 霧月政變，1799年11月9日，拿破崙以解除雅各賓派激烈主義威脅法蘭西第一共和國為由發動政變，迫使督政辭職，驅散立法議會成員，組成執政府，開始為期15年的獨裁統治。這一天是法國共和曆霧月十八日，因此又稱為「霧月十八日政變」。——譯者注

大，甚至將少數幾個頑抗的議員驅逐出議會的不是士兵，而是屬於議會
的衛隊。換句話說，真正發動政變的是政府本身，而整個法蘭西都成為
它的同謀。

大革命為什麼會持續？

　　法律面前人人平等、民眾享有主權、開放公職、控制國庫開支等，這些施政綱領都因為大革命的基本原則而產生。如果我們以此來對大革命持續的時間做出限定，可以說大革命的歷史只有幾個月，因為到1789年年中，大革命的所有這些目標都已經基本實現，接下來的時間裡沒有增加任何新的東西。但是，實際上大革命延續的時間要比這長得多。

　　根據官方歷史學家給出的資料，我們可知大革命只延續到拿破崙的崛起，其時間跨度在10年左右。確立新的原則之後，為什麼會存在這樣漫長的一個混亂、充滿暴力的階段？在對外的戰爭中，我們是無法找到原因的，對外戰爭曾因法國的節節勝利及反法聯盟內部的明爭暗鬥而多次中斷；我們也更不可能將其歸咎於法國人對革命政府的同情，因為大革命時期歷屆議會的統治更令人鄙視和痛恨。不管是造反，還是盲從地投票，大多數法國民眾都對這種體制感到無比厭惡。

　　長期以來，人們都誤解了法國人對革命制度的憎恨情緒，近年來的歷史學家們對此進行深刻的揭露。在最新出版的一部有關大革命的著作中，作者馬德林對他們的觀點進行這樣的總結：

　　從1793年開始，法國大革命和共和國就一直被一些人操縱著；現在，有75%的法國人盼望大革命可以停下來，但同時這些人費盡心機地操縱著這個不幸的國家……只要他們仍然手握權力，可以說大恐怖就必

然會存在，在他們的高壓之下，無論什麼人，只要對其恐怖政策稍加反抗，都必然會受到他們的殘酷迫害。

直至督政府結束統治的一刻，雅各賓黨人還在掌控著政府的運行，他們千方百計地維護著自己的利益和權力，並希望以謀殺與掠奪的方式來獲取不義之財。所以，對於只要可以保證他們繼續享有這些東西的任何一個人，他們都將心甘情願地將法國交給他。這些人之所以同意拿破崙發動霧月政變，就是因為路易十八無法使他們的願望得到滿足。

然而，就是這個暴虐而軟弱的政府竟然可以在這麼多年內苟活下來，對此，我們又應該如何進行解釋？

深究其中的原因，其實一點也不困難，那就是：有大多數人可以從大革命的延續中獲得巨大的利益。

這是最根本的一個原因，如果大革命只是一種理論信仰，它可能只是曇花一現；然而這種剛確立的信仰立刻就脫離了純理論的範疇。

大革命確實不只是奪取了君主、貴族和教士的政治權力，它還將舊的特權階級擁有的財富和特權轉移到大部分農民和資產階級的手裡，與此同時贏得了革命體制堅定的支持者。這些人用從貴族和教士那裡得到的財產，以低廉的價格購買了土地和城堡，他們對君主制的復辟有高度的警覺，非常害怕舊制度死灰復燃，自己的利益受到剝奪。

基於以上原因，　個政府才得以存活，直至重新建構社會秩序的　個鐵腕人物的出現。拿破崙許諾的除了大革命的道德成果之外，還包括其物質成果，他對人們的需要瞭若指掌，因此他在很短的時間裡受到人們的極大歡迎。拿破崙的制度和法律吸引了大革命尚存爭議的物質後果及仍然很脆弱的理論原則。因此說大革命是隨拿破崙的崛起而宣告結束

的，這種觀點非常荒唐，事實則正好相反：拿破崙並非破壞了大革命，而是完成並且鞏固了大革命。

第二章

執政共和，秩序的恢復

如何使執政官承認大革命的成果？

　　從執政府的統治中，我們可以尋找到豐富的心理學論據。首先，它向我們顯示，一個強有力的個人的工作效率遠遠比一個強有力的集體的工作效率高得多。沒有經過多長時間，困擾共和國10年的無政府狀態就被拿破崙終結了。拿破崙使社會秩序得到暫時的恢復。大革命時期的四屆議會都無法做到這一點，就算是採用最嚴厲的鎮壓手段也無法做到這一點，但是拿破崙只憑藉一人之力，就在短短的時間裡實現這一點。

　　拿破崙用自己的權威立即鎮壓了寄希望於王朝復辟的反抗和巴黎的各種叛亂，並且在精神上重新確立了法蘭西的統一，它曾經因為強烈的仇恨和敵視而土崩瓦解。拿破崙用一種個人的專制取代集體專制，使每個人都能獲得利益，畢竟他的專制比當時實施的暴政要寬鬆得多。而且，我們不得不承認對他的統治表示不滿的人很少，於是不久之後，人們就懷著無限的崇敬和虔誠接受他的統治。

　　一個迂腐的論調是拿破崙顛覆了共和政體，這是很多歷史學家都持有的觀點，但今天看來，事實則正好相反：拿破崙保留了所有能保留的共和遺產，可以說，如果沒有拿破崙，共和主義的所有遺產都將會遭到毀滅。正是拿破崙透過制度和法典，使大革命一切可行的工作得到鞏固，即廢除特權、法律面前一律平等。此外，執政府還繼續宣稱自己是共和政府。

　　如果不存在執政府，復辟的君主制就有取代督政府的可能性，進

而將大部分大革命的成果毀於一旦。如果我們假設一下，假如拿破崙沒有出現在歷史上，督政府也不可能在民眾的普遍厭惡中僥倖存活下來，它必然要被推翻，或許路易十八會重新掌握政權。當然，16年之後路易十八還是得償所願了，不過在這16年當中，拿破崙透過法律和習俗賦予大革命強大的力量，以至於復辟的君主根本不敢對它下手，相應的財產權也沒有恢復到舊制度的狀態。

如果沒有拿破崙，而是督政府直接被路易十八所取代，結局將會截然相反：路易十八可能會恢復一切舊制度，因而勢必要爆發新一輪的革命，因為我們知道，使查理一世垮台的原因就是他企圖恢復原來的舊制度。

某種程度上來說，那些抱怨拿破崙專制的人多少有些幼稚：在舊制度下，法國人受著各種各樣專制的壓迫；而共和政體建立的專制是一種比君主制還有過之而無不及的制度。在當時，專制是一種普遍的情況，如果沒造成秩序的混亂，人們是不會起來進行反抗的。

他們在製造出無政府的混亂之後，就會尋求一個可以使自己擺脫這種狀態的主人。這是大眾心理的一條永恆的規則。所以，拿破崙就順理成章地成為民眾的對象。

執政官時代，法國秩序的重建

　　權力和任務是對等的，在任何時候都是如此。因此拿破崙掌握權力的同時，也就承擔起重建法蘭西的艱鉅任務。於是，拿破崙在霧月政變的第二天，就著手起草一部憲法——幾乎是他一力承擔。這部憲法註定要賦予拿破崙至高無上的權威，以便他有充足的能力統領各個派別、重整國家。這部憲法僅僅歷經一個月時間就被制定出來了。

　　這部憲法就是所謂的共和八年憲法①，直到拿破崙的統治結束之後才停止使用，這中間只經過小幅修改。根據這部憲法規定，三位執政官擁有行政權，但其中兩位執政官只擁有建議權，而身為第一執政官的拿破崙則擁有絕對的權力，他成為法國的唯一主宰。大臣、國務委員、大使、地方行政長官及其他官員都受拿破崙的任命，並擁有宣戰或媾和的權力；同時拿破崙也擁有立法權，因為只有他才可以創立法律，這些法律經他創立後交給三個議院——參政院（the Council of State）、保民院（the Tribunate）和立法院（the Legislative Corps）進行討論和投票，事實上，第四院也就是元老院（the Senate）則充當了憲法的護衛者這個角色。

---

1. 共和八年憲法和1799年憲法，也稱為「拿破崙憲法」，是為確立拿破崙合法統治地位而制定的憲法，1800年初正式通過，共有七章，95條。此憲法重申法規，廢除封建制度，實行共和制度，於1802年被《共和十年憲法》取代。——譯者注

雖然拿破崙是獨裁統治者，但即使是在議定最細微的事務之前，他也要召集其他的執政官來共同商議；在拿破崙的統治期間，立法院的影響顯得無關緊要，但如果沒有得到參政院的諮詢，拿破崙一項法令也不會簽署：參政院的組成人員都是全法國最知名、學識最淵博的人士，這些人將法律草稿準備好之後，送到立法院討論通過。由於採取的是秘密投票的方式，所以他們可以自由地對法案提出任何批評。因此，在拿破崙的主持下，在某種程度上參政院就是最高法庭，甚至可以審查大臣們的行為。

　　拿破崙非常信賴參政院，這是因為參政院的成員都是十分出色的法學家，他們每個人只負責自己的領域。作為一個傑出的心理學家，拿破崙從來不信任大多數平民出身的、紙上談兵的議員，因為他非常清楚整個大革命期間，這些人給國家帶來怎樣深重的災難。

　　拿破崙希望為民眾進行統治，但是不求助於民眾；在拿破崙的政府中，民眾無關緊要，民眾只對新憲法投票享有權利；偶爾拿破崙也會訴諸普遍的投票，但這種情況是十分少見的。由各議院相互推舉產生而不是由選舉產生立法議會成員的填補和更替。

　　在籌畫一部以鞏固自己權力為核心的憲法過程中，第一執政從來沒有希望這部憲法可以在重建國家方面發揮多大作用，因此在草擬憲法的同時，也為重新建設法蘭西承擔了大量的司法、財政和行政方面的工作。巴黎聚集了各種權力，每個省（department）設立省長職位，並且在秘書長的協助下進行工作；每個大區（arrondissement）設立區長職位，並配備一個委員會；市鎮（commune）設一名市長和一個市政委員會。部長們任命所有的官員，而不是像共和國時期那樣由選舉產生所有的官

員。

這套行政體系確立一個全能的國家和一個強有力的中央政府，繼任的政府繼承了這套行政體系，並且一直延續到今天。雖然這套行政體系存在一些缺陷，但為了避免在一個自身陷於嚴重分裂的國家裡出現地方專制，一直沿襲著中央集權的體制。

這套行政組織的基礎得以建立正是由於對法國人國民性的深刻認識。這套行政體系在很短的時間裡就恢復了法國被中斷了許久的平靜與秩序。為了實現國家的精神和解，國家赦免了政治放逐犯，並向教徒重新開放教堂。

拿破崙在重建社會大廈的過程中還親力親為起草一部法典，其中大多數是借用舊制度習俗，正如有人指出的，這部法典是新法律對舊法律的一種過渡或妥協。

第一執政想要在很短暫的時間裡完成極其繁重的任務，首先就必須要利用一部憲法賦予自己絕對的權力。如果第一執政將一切措施都提交給議會，他將無法從無政府狀態中將國家解救出來。

很顯然，共和八年憲法已經將共和政體轉變為一個君主政體，這個政體起碼與路易十四「君權神授」的君主政體一樣，都是專制的政體。這部憲法作為適合當時形勢需要的唯一一部可供選擇的憲法，反映一種心理上的必然性。

執政事業成功的心理因素

可以影響群眾的各種外部力量，最終都有可能轉化為心理的力量。一個胸懷謀略的政治家必須透徹理解這些心理力量，只有這樣才有可能實現自己的目標，歷屆的革命議會對這些力量均熟視無睹，而拿破崙卻深諳此道，並且可以很好地對它們加以利用。

歷屆的革命議會都是由彼此對立的派別組成的。拿破崙知道，如果想要駕馭這些派別，自己就要與其他任何派別都是獨立的。拿破崙也知道，那些散布於各個政治派別之中的傑出人才，才是一個國家的精英，因此他對這些人十分推崇，一律加以擢用。拿破崙唯才是舉，從保王主義者、自由主義者、雅各賓黨人等多種政治勢力中挑選出來一些人，並且將其組成自己在政府中的代理人。一方面，拿破崙得到舊制度支持者的幫助；另一方面，他謹慎地讓他們知道自己的意圖在於維持大革命的基本原則，即使這樣，仍然有許多保王黨人還是選擇支持新政府。

其歷史意義姑且不論，僅從心理學的角度看，政府實現宗教和平，這是它最突出的貢獻之一。導致法國四分五裂的原因是多方面的，與其說是政治觀點上的分歧，還不如說是宗教觀念的紛爭。因為軍事鬥爭的結束而終止了對一部分旺代地區的徹底破壞，但與此同時，人們的心靈並未得到平息。既然只有且僅有一人，即基督教會的首領可以促成和平，拿破崙就會不假思索地向基督教會的首領進行妥協。拿破崙與教宗簽訂了《教務專約》，這個條約是一個真正心理學家比較明智的做法，

因為拿破崙知道道德的力量，不需要使用暴力來征服，武力迫害只能帶來更大的危險。雖然實現與教士的和解，但拿破崙仍然竭盡全力地將他們置於自己革命心理學的控制之下，由國家任命主教並發放薪資，這樣一來，拿破崙依舊是這個國家的主宰者。

拿破崙採取的宗教政策是深謀遠慮的，但是現代雅各賓黨人經常忽視它的意義，他們總是一味地沉溺於自己狹隘的盲信，也不能清楚地看到這一點：如果從政府中將教會分離出去，那無異於建立一個國中之國，因此他們很容易就會發現自己遭到一個階層的反對，教宗——一個不在法國境內卻對法國懷有敵意的主人，將會蠱惑這些階層的人反對本國政府，給予敵人一種原本不應該擁有的自由，這是一種極其危險的行為，不管是拿破崙還是他之前的任何一個統治者都不會允許教士成為獨立的力量，但是我們今天的做法卻與之截然相反。

此時，拿破崙所面臨的困難遠非他在加冕稱帝之後所遇到的困難能比，只有對人的深刻理解才可以有助於他戰勝這些困難。

到目前為止，未來的主人還絕非真正的主人：許多地方仍然會爆發叛亂，還存在肆無忌憚橫行的土匪，而且米迪地區正在經受各派黨徒的戰火紛爭。

作為執政者，拿破崙還必須與一些將軍們進行周旋，甚至連他的兄弟也會聯合在一起反對他。在拿破崙身為皇帝時沒有需要對付的黨派；但是在拿破崙執政的時候就不得不與所有的派別進行鬥爭，並且在他們之中保持一種平衡。這是一項相當艱鉅的任務，自20世紀以來，可以成功做到這一點的政府屈指可數。

想要順利地完成這個任務，需要綜合運用策略、意志及交際手腕。

作為執政的拿破崙覺得此時的自己還不具備足夠強大的力量，於是他就另闢蹊徑，為自己建立一條準則，用拿破崙自己的話來講，就是「按照大多數人所希望的那樣統治」。作為皇帝，拿破崙一般無需考慮太多，只是根據自己的理想來統治就可以了。

曾經在很長一段時間裡，對於霧月政變來說，許多歷史學家和詩人一直存在很多爭議，但是這樣的時代已經一去不復返了。「法蘭西在稽月的燦爛陽光中得到解放」這樣的斷言實際上是如此的虛幻！而維克多・雨果等人對這個時期所作的判斷也是很荒謬的。我們已經清楚地看到實施「霧月罪行」的同謀者不僅是政府，還包括全部法國人。實際上，正是霧月革命從無政府狀態中將法蘭西拯救了出來。

也許有人要問，為什麼那些高智商的飽學之士會做出如此錯誤的論斷？毋庸置疑，是因為這些人按照信仰來看待歷史事件。我們都知道，對於那些掙脫不掉信仰束縛的人來說，真理會因為他們的信仰而產生變異。哪怕最明顯的事實也會被遮蔽，事件的歷史將會淪為夢想的歷史。

我們將這段歷史的心理學家簡略地勾畫出來以便大家理解。如果他們不屬於任何一個黨派，並且對一切黨派具有的激情一清二楚，他們可以做的確實只有這些，他們對恣意指責過去絕不奢望，因為那是一個特殊的時代，它受到不可克服的必然性的影響。當然，拿破崙令法蘭西付出了頗為慘重的代價：兩次遠征的失敗使他的壯麗史詩落寞下場；就算在拿破崙去世以後，其所遺留的威望還可以將他的侄嗣推上帝位，但拿破崙三世所發動的第三次遠征與其祖輩同樣是功敗垂成，其影響時至今日仍然不可小覷。

所有這些事件都和他們的起源有密切的聯繫，它是一個民族在其發

展的過程中，和其理想的演變過程中，必定要付出的一定代價：那就是試圖一下子就與自己的祖先割斷聯繫是不可能實現的，除非他們自己的歷史過程發生深刻的變革。

第三章

最近一個世紀革命與傳統原則
衝突的政治後果

法國不斷產生革命運動的心理因素

在後文的介紹中我們將會發現，革命思想在半個多世紀的時間裡及社會各階層中傳播得極為緩慢。絕大多數民眾和資產階級在這段時間當中，不關注革命思想，只有幾個有限的信徒受到它的蠱惑，但因為政府的過失，他們的影響足以誘發幾次革命。待考查了引發革命的心理因素之後，我們將對這些革命進行深入探討。

人們更多的不是受其統治者竭力強加給他們的制度的支配，而是受自己的心理意識的支配。關於這個論斷，我們最近一個世紀的政治革命史足以提供很好的證明。法國之所以會接二連三地爆發革命，是國家中兩個部分心理及政治意圖不同的人相互鬥爭的結果：一些人主張實行君主制，信仰宗教，並長期以來一直深受傳統的影響；另一些人儘管實際上也受傳統的影響，但是他們賦予傳統以一種革命的形式。兩種對立的心理意識之間的鬥爭從大革命伊始就已經很明顯地存在了。但是雖然遭到可怕而瘋狂的鎮壓，但叛亂和陰謀卻從未間斷過，直到督政府的統治被終結。這證明過去的傳統牢牢植根於大眾的內心深處。在曾經的一段時間裡，多達60個地區發生反對新政府的叛亂，直到幾次大規模的屠殺之後才被鎮壓下去。

在舊制度與新理想之間建立某種妥協，這是拿破崙要解決的最棘手的問題，他必須找到一些可行的方法，並且用這些方法來協調造成法國分裂的兩種對立的心理意識。正如歷史展現給我們的那樣，拿破崙在這

一點上做得很成功，他所採取的主要是一些折衷的措施，此外就是對相當古老的事物重新冠名。

在拿破崙統治時期，出現在法國歷史上相當罕見的現象，即法蘭西實現精神上的徹底統一。

但是這種精神上的統一是與拿破崙的權威相伴而生的，因此在拿破崙垮台之後，原來的各個派別迅速東山再起，並且一直延續到當代。一些派別依附於傳統勢力，另一些派別激烈地排斥傳統勢力。

如果在信徒與冷漠者之間產生這種衝突，它就不會長時間地持續，因為冷漠一向都是寬容的；但非常遺憾的則是兩種相異的信仰之間產生爭鬥。世俗的派別沒多久就採取措施，他們披上宗教的外衣，偽稱的理性主義幾乎成為最狹隘的教士精神的替代形式，近些年來顯得特別明顯。目前，我們已經明確指出：不同的宗教信仰之間是無法和解的，所以一旦教士們手握權力時，他們對自由思想家們不可能比今天看到的表現出更多的寬容。

在法國，有一種常令外國人大為驚訝的現象，即大多數政治信仰的起源，甚至在圓滑、老練的政治家身上都能激發強烈的仇恨。

在法國，具有不同信仰的人之間的相互憎恨、攻擊經常使政府及內閣垮台加速，少數派之間也經常聯合起來對得勢的黨派進行反對。我們知道，被選進當今議會的一大批革命的社會主義者依賴的就是保王黨人的支持，而且這些人仍然一如既往地愚蠢至極。

造成法國四分五裂的諸多原則之間的相互衝突已經持續一個多世紀，而且肯定會延續很長時間，沒有誰可以預見它的將來及其可能會導致的巨變。如果紀元之前的雅典人可以預知他們的社會紛爭將造成整個

希臘的覆滅，他們肯定不會內訌了，然而他們怎樣才可以預見到這一點？

百年法國革命的回顧

　　在對過去一個世紀裡法國經歷的革命運動的心理原因進行考察之後，我們終於有了一系列素材可以對這些接連不斷的革命進行大概的總結和概括。

　　擊敗了拿破崙之後，反法聯盟的君主們把法國的疆土縮減到原來的邊界，並且推舉唯一的君主候選人路易十八為新的法國國王。法國還通過了一部特別憲法，新國王接受代議制政府下的立憲君主地位，並承認大革命所取得的全部成果：法律面前人人平等、民事法典、信仰自由、對國有財產的售出不予追究等，但限制了投票權，使其僅限於確定稅收的數目。極端保王黨人對這部帶有自由主義色彩的憲法表示強烈反對，他們企圖恢復舊制度，並重新掌握原有的舊特權。對極端保王黨人的反對，路易十八感到恐懼，並唯恐其釀成一場新的革命，於是解散了議會，溫和派議員再次掌權。在法國，任何復辟舊制度的企圖都將導致一場叛亂，路易十八深深地認識到這一點，所以他可以按照既定的原則維持其統治。

　　然而，遺憾的是，1824年路易十八去世了，前阿圖瓦伯爵查理十世（Charles Philippe）繼承了王位，查理十世是個目光短淺、心胸狹窄的君主。查理十世表示自己自1789年以來一直堅持的想法，他準備頒布一系列法律：瀆神法、對流亡貴族給予4000萬先令賠償、恢復長子繼承權、賦予教士特權等。在當時，大部分議員對查理十世的做法表示反對，並

且有愈演愈烈的趨勢。1830年，查理十世簽署法令解散議會、鎮壓輿論自由，並且開始著手復辟舊制度。

梯也爾、卡西米爾-佩里埃、拉法葉等運動領袖召喚此前很少受人關注的路易‧菲利普到巴黎，並且宣布路易‧菲利普為法國的新任國王。面對民眾的冷漠和依舊效忠於正統王朝的貴族的強烈敵意，新國王路易‧菲利普向資產階級提出援助的請求。隨後，一項新的選舉法把選舉人縮減到20萬人，使資產階級在政府中佔據絕對的優勢地位。

在1830—1840年間，共和主義者們透過一種類似於大革命時期的民眾社團的秘密組織，發動了若干次間歇性的暴動，但沒多久就遭到鎮壓。

另外，正統主義者和教士也一直謀劃著自己的陰謀：在旺代，亨利五世的母親貝里公爵夫人妄圖起義；教士們的要求最後使他們變得極其不寬容，竟然發動了一場叛亂，在這次叛亂中，巴黎的大主教宮被毀壞了。

在1848年，一場支持選舉改革的運動最終演化成一場新的暴動，結果卻讓人始料未及，新國王路易‧菲利普被推下台。

代替垮台的君主，一個臨時政府在巴黎市政廳宣告成立，宣布建立共和國，確定普選的方式，並且頒布法令要求民眾對一個由900人組成的國民議會進行公開選舉。

第一次大革命當中出現的心理現象再次登上歷史舞台，新成立的民眾社團的領袖們不時地鼓動群眾對議會進行脅迫，但其理由通常嚴重缺乏基本常識，例如：竟然鼓動群眾要求政府去鎮壓波蘭的一次起義等。

在拿破崙三世統治期間，一開始它是一個專制政府，而後期則是一

個自由主義的政府。他的統治持續18年，1870年9月4日爆發的起義推翻帝國，那是在色當投降以後發生的事情。

從此之後，就很少爆發革命運動了，唯一一次重要的革命是1871年3月爆發的革命，這次革命導致的後果是：巴黎的許多紀念物被付之一炬，2萬多名起義者被處死。

1870年戰爭以後，經歷了多次災難之後的選民們顯得有些一籌莫展，他們將數量可觀的奧爾良派和正統派的保王黨代表送進了議會。由於議會在建立君主制問題上不能達成一致意見，於是他們任命梯也爾為共和國總統，後來又讓麥克馬洪元帥取而代之。1876年的選舉與後來進行的全部選舉都相同，大部分共和主義者再次被選進了議會。此後，無論怎樣選舉出來的議會都存在若干派別，並且由此導致內閣的多次更替。

但是，這種黨派分裂也並非毫無益處，他們所形成的相對平衡換來了40多年的相對平靜。共和國的四任總統都不是因為革命而下台的，即使爆發了零星的暴動，也不會導致嚴重的後果。1888年爆發了一場支持布朗熱將軍的民眾運動，這場聲勢浩大的運動險些顛覆了共和國政權，但共和國最終還是平安無事地倖存了下來，並且成功地擊敗了各派別的進攻。

目前，這個共和國之所以可以得以維持，主要有以下幾點原因：第一，在相互對立的派別中沒有哪個派別特別強大，甚至強大到可以壓倒其他全部派別的程度；第二，國家領導者有名無實，只具有象徵意義，因此無法將國家遭受的不幸歸咎於國家領導者，即使將其推翻也無濟於事；第三，由於國家的最高權力分散在數千人的手中，與此同時，責任

也相應地分散了，所以很難確定始作俑者是誰。一般來說，民眾很容易就可以推翻一個暴君，但是對於一群匿名的小暴君，民眾卻顯得無可奈何。

所以，國家可以得以維持，其暴政不斷地得到延伸，這是我們所知道的法國一切政府體制的共同特徵，是歷次革命的最終結果。也許可以將這種形式的暴政看作是一種民族觀念，因為法國持續動盪的最終結局就是對這個暴政的強化。國家主義（Statism）是拉丁民族真正的政治制度，而諸如共和制、君主制、帝國制等其他政府形式都只是虛無的標籤、沒有任何意義可言。

第四章

革命原則的新近發展

大革命以後民主思想的傳播

在人們的思想中，一種理論一旦牢固地扎下根來，它就有了防禦力和影響力。這個法則對法國大革命過程中形成的那些理論也同樣適用。作為一種政府形式來說，大革命的歷史是極為短暫的，然而與其短暫的歷史相反的是，大革命的原則卻擁有頑強的、持久的生命力。大革命的原則透過一種宗教信仰的形式深深地影響了幾代人的思想和情感。

雖然歷經波折，但大革命的影響直到今天依然可見：拿破崙的功勳不僅在於其改變了歐洲的舊版圖，重現了亞歷山大大帝當年開疆拓土的輝煌，更為重要的是，他廣泛而深刻地傳播了大革命及其制度所樹立的新的民眾權利觀念。儘管拿破崙在軍事上的卓越功勳已經化為烏有，但是他極力傳播的革命原則卻代代傳承。

在法蘭西第一帝國後各種各樣的復辟不斷上演後，人們對大革命的原則或多或少有些淡忘了。在其後大約50年的時間裡，大革命原則的傳播速度非常緩慢，甚至有人認為，民眾已經徹底把這些原則拋開了。只有幾個理論家還在堅守革命原則，作為雅各賓派簡單主義精神的繼承人，他們一直堅信透過法律手段可以實現社會的徹底改變；他們試圖讓人們相信第一帝國只是將大革命的任務中斷了，他們希望可以將這項任務繼續下去。

作為大革命時期革命者的忠實追隨者，這些理論家們期待著重整旗鼓，東山再起；與此同時，他們竭盡所能透過著述的形式廣泛傳播大

革命的原則。但是，他們從未停下來捫心自問：自己的改革計畫是否符合人類的本性。事實上，他們是在為理想主義者建立一個空想的社會，而且他們堅信，一旦實現他們的夢想，人類就將經歷一次洗心革面的轉變。

無論什麼時代的理論家總是缺乏建設性的設計，通向他們政治理想的路只有破壞。在聖赫勒拿，拿破崙曾經斷言：「即使專制如磐石般地存在，那些理論家們和理想主義者也會千方百計地將其碎裂為塵埃。」聖西門、傅立葉、皮埃爾・勒魯、路易・布朗、基內等眾多的空想家們在人類的歷史上如星河般光彩奪目，但是在他們當中，我們只發現奧古斯特・孔德一個人懂得政治的重建是態度和思想轉變的先決條件。可以說，理論家們堅持的改革藍圖絕不是促進民主思想的傳播，正好相反，它是阻礙了民主思想的傳播。有幾位理論家聲稱共產社會主義將使大革命的雄風得以重現，這導致的直接結果就是使無論是資產階級還是工人階級都感到了極大的恐慌。我們已經看到，導致帝國復辟的主要原因之一正是理論家宣稱的恐懼。

19世紀上半葉，作者們苦心經營、創作的那些空想主義著作都無足深論，然而今天，我們已經對這些觀念本身不以為然了。雖然如此，仔細比較一下道德觀念和宗教觀念在其中發揮的作用，還是十分有趣的。改革家們堅信，如果沒有宗教信仰和道德信仰，新社會的建立將會勞而無功。為此，改革家們總是不辭辛勞地尋求建立這樣的信仰。

然而，應該在什麼基礎之上建立這樣的信仰？其實答案很清楚，那就是理性。既然人們可以依靠理性創造出構造精細、功能複雜的機器，為什麼就不能透過理性創造出宗教和道德這些表面上似乎極為簡單的東

西？在那些改革家看來，宗教或道德的信仰是以理性邏輯為基礎而建立起來的。奧古斯特・孔德對這一點非常清楚。奧古斯特・孔德曾經創立過一個所謂的「實證」宗教，而且時至今日仍然有一些追隨者。在這個宗教裡，科學家將在一個新教宗的指導下建構新的教士階級，而這個新教宗會將天主教教宗取而代之。

從長遠來看，這一切觀念都只會造成一個結果，那就是使群眾離民主原則越來越遠。

如果民眾普遍接受那些民主原則，這也不是這些理論家的功勞，只能歸功於在新的環境中，人們的生活條件得到提高。隨著科學技術的日新月異，工業得到進一步發展，使大型工廠的建立成為可能。經濟的不斷擴張必然會逐漸開始支配政府和民眾的意志，並且最終形成社會主義，尤其是工團主義的擴張形成一個十分有利的環境，因此工團主義和社會主義成為民主思想的當代形式。

大革命三個基本原則的發展狀況

法國大革命的成果用一句話完整地概括那就是：「自由、平等和博愛。」其中，平等原則產生極為深遠的影響，這也是其他兩個原則所不能比擬的。

儘管從表面上看，這些名詞的含義十分明確，但是隨著時代的變遷，不同的人對於這些詞語的理解就會發生改變。我們知道，對同一個詞，處於不同精神狀態的人會做出截然相反的解釋，這正是歷史上引發各種衝突最常見的一種原因。我們以一個年輕的現代「知識份子」為例。對於這類年輕人來說，「自由」意味著擺脫那些讓人厭惡的東西，諸如傳統、法律、高傲等；對於國民公會的代表來說，「自由」只是意味著擁有無限專制的權力；而對於現代的雅各賓主義者來說，「自由」則意味著自己掌握迫害對手的權力。

在演講中，雖然政治演說家們時常會提及「自由」一詞，但是他們對「博愛」一詞已經很少提及了。在今天，他們教導我們的是社會各階級之間的衝突，而不是他們之間的聯合。社會的不同階層之間及領導它們的政黨之間從來沒有像今天這樣互相之間充滿深深的仇恨。

「自由」究竟是什麼我們已經難釋其意，「博愛」也只是一種虛無飄渺的傳說，但是平等的原則卻毫無顧忌地擴散著。平等原則在上個世紀法國所發生的所有政治變革當中獲得登峰造極的地位，以至於我們的政治和社會生活、法律、行為模式及風俗習慣都必須建立在平等的基礎

之上，至少理論上如此。平等原則成為大革命名副其實的遺產。民眾不僅渴求法律面前的平等，還渴求地位和財產的平等，這種對平等的渴求正是民主的最新產物，也就是社會主義運動的關鍵。雖然這種渴求背離了與所有生物學和經濟學的法則，但是它依舊十分強烈，以至於在社會各個領域中得到廣泛傳播。情感與理性之爭曾經一度中斷，但由此進入一個嶄新的階段，需要注意的是，一直立於不敗之地的不是理性而是情感。

知識份子與大眾的民主

就我們所知道的，人類社會已經發生巨變的所有思想觀念大多遵循兩條規律：或者是這些思想極其緩慢的演變，或者是它們的意義將因為接受其精神狀態的不同而發生翻天覆地的改變。

從某種意義上說，思想學說與生物沒有不同，也必須透過不斷進化才可以適應環境，也只有這樣才可以存活下去。對變幻莫測的那些事物，思想著作無法做出及時的回應，因此它們只能代表事物屬於過去的發展階段。即使是最傑出的著作也無法反映鮮活的現實，只能反映一些過去的東西：一般來說，一種學說的書面表達代表了該學說中毫無生氣的部分。

在另一本著作中，我已經進行探討：在由一個民族向另一個民族傳播的過程中，制度、藝術及語言這些要素是怎樣發生變化的；這些要素的變化遵循的規律與書本中所描述的真理有什麼不同。現在我提起這個問題目的在於說明，在討論民主思想時，我們為何很少關注對反映這個學說的文本，以及是什麼原因導致我們只關注隱藏在民主思想背後的心理因素及其在接受民主思想的各種各樣的人當中激起什麼樣的反響。

接下來，我們來考察一下大眾的民主。我們知道，書籍或期刊上的民主思想的來源只是文人們的抽象理論，民眾對它們根本不瞭解，而且，這種理論的實現不會給民眾帶來任何實際的東西。雖然從理論上說，透過一系列的競爭，工人們可以突破他們與上層階級之間的阻礙，

進而躋身於上流社會；但是，在現實生活當中，能有多少人可以做到這一點？

在知識份子看來，民主的唯一目標就是建立一種選擇機制，以便他們可以被當作精英挑選出來，並充當領導階級。如果選擇是真實的，這種民主無可厚非，這恰恰證明拿破崙的一句格言：「統治的真正方法就是在民眾的形式下雇用精英。」

然而，遺憾的是，知識份子的民主只能導致數量極少的專制寡頭的神聖權力取代國王的神聖權力，它的狹隘與殘暴有過之而無不及，但自由之花不會因此而盛開。

與知識份子的民主不同，大眾的民主絕不會以選舉出統治者為目標，他們深受平等精神的影響，深深渴望改變工人的命運，所以大眾的民主對博愛的觀念不接受，對自由方面也沒有多大的熱情。除了獨裁制度下的政府，否則政府根本不可能實現大眾的民主。所以，在歷史上，我們看到大革命以來的所有專制政府都受到大眾普遍的歡迎；而時至今日，工人階級的公會的運作方式也是按照獨裁的方式進行的。

情況始終都是這樣，而且這也正是從柏拉圖時代到我們這個時代的大思想家從來就沒有誰擁護大眾民主的真正原因。對這個事實，愛彌爾・法蓋①感到十分驚訝，他指出：「幾乎19世紀的全部思想家都不是民主主義者。我寫《19世紀的政治思想家》一書時，我對此感到非常沮喪。雖然我費盡心思試圖找到一位民主主義者，以便我能介紹他所闡述的民主學說，但我找不到什麼人曾經是民主主義者。」

---

1. 愛彌爾・法蓋（1847—1916），法國文學評論家。——譯者注

當然，愛彌爾‧法蓋可以找到大量的民主主義的職業政治家，但是這些職業政治家同時也是思想家的卻寥寥無幾。

民主平等與天賦不平等

民主平等與天賦不平等之間的衝突是當今時代最難解決的問題之一。對於民主渴望的對象我們是知道的，現在就讓我們來看看自然是怎樣回應這些渴望的。

民主思想從古代希臘英雄時代一直持續到當代，曾無數次席捲全球，但是它與天賦的不平等之間卻總是發生衝突。一些觀察家認為，人與人之間不平等的原因是所受到的教育不同而造成的。實際上，對於什麼是平等，自然不知道，它從來不平均地賦予人們以天才、相貌、健康、活力、智力及一切使一些人優於其他人的能力。理論是不能改變這些差異的，所以民主學說將不得不停留在字面上，除非遺傳的法則可以讓人類在能力上實現協調一致。自然不理會怎樣才可以促進平等，而且，自創世以來，它始終依靠持續的差異，即借助漸進的不平等，優勝劣汰，實現自身的進步。早期地質時代那些低微的細胞正好是因為自然的這些不平等才進化為高等生物，而高等生物的出現則相應的改變了地球的面貌。

與自然相同的現象也如實地發生在社會當中。從平民階級（Popular Classes）中挑選傑出份子，最終產生知識貴族，這種民主形式與那些抽象的理論家的夢想是相互對立的，理論家的夢想是把社會中的精英份子貶低到普通人的水準。

儘管與平等理論相矛盾，但自然的法則卻給現代社會的不斷進步提

供契機。因為科學和工業要求越來越多地考慮知識的作用，必然會進一步擴大其產生的社會地位的差異和精神上的不平等。

所以，這種現象毫無遮掩地擺在我們的眼前：儘管法律與制度試圖將個人之間的差距拉近，但文明的進步則傾向將個人之間的差距不斷擴大。從知識上的差異來看，封建制度下的農民與男爵差異不大；但工人與工程師之間的差異卻十分明顯，而且，這種差異正在隨著時代的進步不斷增長。當能力因素成為促成進步的主要因素之後，每一個階級中那些精明幹練之人的地位就會呈直線上升的狀態；各階級中的那些平庸之輩只能維持原狀，甚至地位江河日下。這是無法阻擋的大趨勢，在它面前，法律又可以做些什麼？

那些無能之輩聲稱因為自己在數量上佔據優勢，所以在力量上理應如此，這種想法與掩耳盜鈴無異。出色的大腦運作起來將使所有的工人受益，一旦沒有了這些大腦，他們就會很快陷入貧窮與無政府的泥沼當中。

在現代的文明社會中，精英發揮的重要作用隨處可見，以至於根本不需要過多地予以強調。無論是文明還是野蠻，一個民族中的一般民眾都是平庸之輩，各個民族之間因這一點而大同小異；文明的民族唯一的優勢就是其擁有的那些傑出的大腦。對此，美國人有深刻的認識，因此他們不允許中國工人移民入境，因為這些中國工人與美國工人的能力相仿，但中國工人要求的工資較低，這種情況將對美國本土的工人構成強大的威脅。儘管如此，我們還是看到，一般民眾與精英之間具有越來越強的對抗性。時至今日，精英顯得十分重要，但同時，也沒有哪個時代的精英像今天這樣難以為繼。

一個國家的實力因科學、藝術及工業的進步而得到增強，成千上萬的工人也因科學、藝術及工業的進步而過上幸福生活。所有這些都得益於一小部分傑出的大腦及其帶來的變化。

　　我們想像一下，如果因為什麼特殊情況而使得早在100年前社會主義就被人們廣泛地接受、認同，會出現怎樣的後果？投機、首創精神、風險都將受到壓制，將不可能取得絲毫的進步。那些勞工將會始終如一地貧窮下去；民眾所獲得的平等，也只是一種平庸的心靈因為嫉妒而渴望實現的貧窮中的平等。人類永遠都不會為了滿足這種低劣的理想而將文明的過程終止。

第五章

民主演進的結果

非理性價值對社會進化的影響

信仰中存在合理性的內容嗎？如果我們用理性來對歷史上曾經出現過的偉大信仰做出解釋，這個對比的重要性立刻呈現在我們面前。如果以理性觀點來看各式各樣的神祇，其本質只是一些空想罷了；但是，這些信仰對人類生活產生的影響卻是不容忽視的。

同樣，這個對比對中世紀流行的諸多信仰來說也同樣適用。儘管這些信仰都是一些空想、幻想，但是它們好像與現實完全吻合，對人類生活產生深遠的影響。如果有人對此產生懷疑，就請對比一下羅馬帝國的統治和羅馬天主教會的統治。羅馬帝國的統治是非常務實的、踏踏實實的，而且其中沒有摻雜任何空想、幻想的成分；而羅馬天主教會的統治儘管完全以空想為基礎而建立，但卻是極其完整而強大的。在中世紀的漫長歲月當中，正是因為教會的統治，才使得那些半野蠻的民族受到社會的約束和規範，並形成自己的民族精神。如果沒有這種民族精神，自然也不會有所謂的文明存在。

教會擁有的強大力量再一次向我們顯示：某些空想具有非常強大的力量，甚至可以使人們產生一些與個人利益甚至社會利益完全對立的情感。

在以下的章節中，我們將以哲學的視角來審視民主的演進所造成的後果。我們看到民主的演進過程呈現出加速的態勢。對於中世紀的教會來說，它擁有一種強大的力量，可以給人們的心理狀態造成深刻的影

響。同樣，我們在評價民主學說所引起的一些後果時，發現其力量一點也不比教會的力量遜色。

雅各賓精神與民主信仰的心理

　　當代雅各賓主義者們是忠實的繼承者，他們不僅很好地繼承了雅各賓派的革命原則，同時還沿襲了推動他成功的特殊心理狀態。

　　我們將之稱為雅各賓精神。雅各賓精神總是試圖以暴力的方式推行其自以為真實的空想：最終，雅各賓精神在法國及其他拉丁國家都得到非常廣泛的傳播，以至於任何一個政黨都受到它的影響，甚至那些保守的政黨也包括在內，不僅資產階級深受其影響，並且一般大眾的受影響程度更是有過之而無不及。

　　這種雅各賓式的不寬容產生的影響非常深遠，以至於後世的統治者為了對付自己的敵人往往毫無顧忌地採取最革命的手段：無論哪個政黨只要稍有不服從，就會受到極其殘酷的迫害，其全部財產甚至都會剝奪殆盡。時至今日，我們的那些統治者的所作所為與古代的那些征服者毫無分別，那些被征服者千萬不要寄希望於勝利者會有絲毫的寬宥之心。

　　這種不寬容不僅存在於下層民眾中，在統治階級之間也同樣流行。很早之前，米什萊就曾指出，比起一般大眾，有教養的階級實施的暴力往往有過之而無不及。當然，有教養的階級不會去砸毀街燈，但是他們卻能透過其他手段置人於死地。在革命的進行中，有教養的中產階級所實施的暴力才可以稱得上是最猛烈的暴力，如教授、律師等實施的暴力。一般來說，在大多數人的心目中，那些受到過古典教育的大學教授們一定是文質彬彬的，但以他們目前的一舉一動來看，情況並非人們想

像的那樣。如果你去閱讀一些水準較高的期刊，就不會對我剛才所說的產生任何懷疑了。

與他們所寫的文章一樣，這些人的著作當中充滿對暴力的頌揚之詞，人們不禁對這些人的學說充滿疑惑：為什麼在這些命運的寵兒們的內心中竟然隱藏著如此之多的仇恨？

這些人信誓旦旦地向我們保證說，驅使他們這樣做的是一種強烈的利他主義（altruism）熱情，但關於這一點非常令人感到困惑。實際上，把狹隘的宗教心理（religious mentality）拋在一邊暫且不提，我們更願意相信，他們在作品中竭力鼓吹暴力的唯一可能的解釋是希望當權者關注他們或希望從中漁利，獲得某種聲望。

我在之前的一部作品中曾經摘錄了法蘭西學院一位教授著作中的幾行文字。在文中，作者強烈抨擊了資產階級，並極力煽動民眾剝奪資產階級的財產；對此，我還得出一個結論，即在這類著作的作者當中，一場新興的革命很容易就可以找到它所需要的羅伯斯比、馬拉和卡里埃們。

同古代的信仰一樣，雅各賓主義的信仰（Jacobin religion）對那些低能的心智有非凡的魔力，信仰蒙蔽了這些人的眼睛，他們認為理性是自己的準則，但是實際上，真正讓他們夢寐以求的只是他們自己的激情和衝動。

所以，民主思想的演進不僅產生之前我們提到的許多政治後果，而且對於現代人的心理狀態它也產生不可估量的影響。在社會財富或智力方面，不管是誰只要超出一般人的水準就會遭到他人的嫉恨。這種仇視優越性的心理在今天仍然在社會的所有階級中盛行不衰，從下層的工

人階級到上層的資產階級都概莫能外。這種心理造成的最終結果就是好鬥、嘲諷、嫉妒、誹謗、迫害、桀驁不馴及不信任正直、無私和知識。

在當今的法國，從最一般的民眾到有涵養高素質的社會名流，他們的日常談話都充斥著對所有的人和事物的詆毀和辱罵之詞，甚至連那些最偉大的已故人士都難以避免。但是，貶低著名人物卓越功勳的書籍如此之多，這種情況還從未出現過，即使這些人曾經被視為法國最寶貴的財富。

無論在何時，嫉妒和仇恨心理似乎總是與民主理論有剪不斷理還亂的關係，然而這些感情從來沒有像今天這樣恣意擴散，它讓任何一個旁觀者都感到心驚膽寒。

雖然民主思想演進的其他一些後果是間接性的，但其意義之深刻卻絲毫不落下風。所有這些影響都以一種無政府狀態和普遍的不服從的形式表現出來。社會運動隨之而來，它如同一台加速運轉的機器，所以這種感情將會帶來更加重要的結果。在那些造成嚴重後果的罷工事件中，這種感情一次又一次地展露無遺。

這裡所引證的言論只是敘述了一些人盡皆知的事實，這些事實向我們顯示：就連那些堅定支持共和政體的人們都對社會的無序化發展有所認識。所有人都認清了這個事實，但同時也都意識到，既然到了這種地步，已經無法挽回。事實上，造成這個局面的主要因素是心理的影響，我們意志的力量已經被心理影響的力量遠遠地超越。

第六章

民主信仰的新形式

工人階級的發展和工團主義運動

今天看來，工人階級近年來的發展或許是最重要的民主問題的根源，而這種發展正好是由工團主義運動或公會運動所導致的。

所謂工團主義，我們是這樣定義的：由具有共同利益、站在同一立場的人組合在一起形成的集體。工團主義幾乎在每一個國家都獲得迅猛的發展，以至於我們可以認為工團主義是一種全球性的運動，在財政預算方面，某些工團組織甚至可以與一些小國同日而語。

勞工運動的進行轟轟烈烈，它在所有國家都獲得不同程度的發展，這表示，勞工運動是經濟發展的必然結果，而不是烏托邦理論家們的不著邊際空想。從目標、手段及其發展的趨勢來看，工團主義與社會主義之間不存在絲毫的親緣關係。我在過去出版的《政治心理學》（Political Psychology）一書中已經對此進行詳細的論述，在此只對這兩種教義之間的差別進行一下簡單的回顧。

不管在什麼樣的環境下，我們都可以看到工團主義不同的表現形式。在法國，工團主義已經獲得成功，並造成深遠而巨大的社會影響。由於工團主義採取的是革命的形式——在前面已經提到這一點，因此我們可以說，它落入了無政府主義者的控制之中，至少目前仍是這樣。無政府主義者對工團主義及其他所有形式的組織本身沒有多大興趣，他們的目的只是在於以新的學說來毀壞現代社會。無論是無政府主義者、社會主義者，還是工團主義者，儘管在指導思想上他們似乎存在很大差

異，但是因為統治階級的暴力鎮壓和財產被掠奪使得他們走到了一起，並有了相同的終極目標。

工團主義者的學說與大革命的原則之間不存在一點聯繫，甚至可以說工團主義者的學說在很多方面與大革命的原則是相互對立的。說得更準確些，工團主義類似於大革命期間被禁止的那些行業協會或社團，他們代表了向集體組織形式的一種回歸。所以，大革命所譴責的正是工團主義所構成的這種聯合，工團主義對大革命所建立起來的國家中央集權持堅決反對的態度。

對自由、平等、博愛等民主原則，工團主義者一點都不關心。工團主義者要求其成員必須對紀律絕對服從，實際上這就等於剝奪了成員的全部自由。

由於這些組織還不具備在相互之間施加暴虐的力量，因此它們目前對對方還是表現出尊重的情感，還勉強可以稱得上博愛。然而，一旦它們具有強大的力量，由於它們之間存在利益的對立關係，衝突必然會在它們之間發生，就如同古代義大利共和國時期的行會組織一樣：到了一定的時期，之前的博愛很快就會化為烏有，在頃刻之間平等就被強有力的一方所實行的專制所代替。

這種黯淡的前景似乎已經為期不遠了。政府在力量迅速增長的新生力量面前顯得懦弱不堪，只能透過一次次的妥協和屈服才可以得以自保：從短期來看，妥協這個可恥的策略或許還可以產生些許作用，但從長遠角度來看，妥協的危害非常之大。

但是，最近在面對礦工協會（Miners' Union）要舉行罷工使英國的工業生產陷於停頓的威脅時，英國政府迫不得已，只能採取妥協屈服的策

略。礦工協會為其成員要求最低的工資保障，卻不受最低工時的限制。

在我們面前出現的是一個異常而可怕的景象：小小一個礦工協會竟然可以做出這樣的威脅，即要讓一個地區賴以生存的製造業和商業陷於停頓，並且在很大程度上它確實做到了這一點。

礦工在目前的法律條件下擁有的力量幾乎是無窮無盡的，以至於我們從來就沒有見過可以與之相提並論的力量。有哪個美國的托拉斯組織在行使其合法的權利時可以如此的蔑視普遍利益嗎？在封建制度下，男爵可以施行這種暴政嗎？我們的社會組織、法律及許多行業之間的密切聯繫已經達到相當完善的程度，但是與較粗陋的時候相比，它使我們比我們的前輩們更易於受到重大威脅，就如同當前的情況一樣……目前，我們親眼見證這個勢力的初次威脅，對此如果我們一不留神，它將會吞噬整個社會……面對礦工們的無禮要求，政府採取妥協的做法，政府這個態度詮釋了某些事實，那些反抗社會的人正在逐步取得勝利。

當代的一些民主政府逐漸演變成官僚政府的原因

如今，一些政府正在被民主思想造成的社會衝突和無政府主義推向一個無法預期的演變中，在我看來，這個演變將最終使政府變成一個空架子，只能保留一種名存實亡的權力。現在，一般情況下，由一些透過普選產生的代表組成民主國家的政府。在法律的規定之下，透過這些代表投票，他們當中的某些人被任命或被撤換，並臨時行使行政權。這些被選舉出來的部長們是經常變動的，這正是投票的要求；由於他們的繼任者屬於其他政黨，因此這些人將依據不同的原則來統治。

解釋這種現象其實不難，它源自於這樣的一個事實，即實際上，那些表面上實施統治的部長們是在一個非常有限的範圍內行使權力、治理國家的；他們的權力是被架空了的，受到極其嚴格的監督和制約，他們的權力僅限於發表一些無人問津的演說及處理很少一部分無足輕重的事務。

正如內閣部長這個職位，它只擁有表面的職權，既沒有權威，也不會持久，只是政治家的傀儡而已；但是在內閣部長這個職位的背後，卻隱藏著一種暗中發揮極大作用的力量，並且它的權力正在不斷增長。那些部長們很快就會發現自己根本無法與這個力量進行抗爭，因為這種神秘的力量源自慣例、特權階層和連續性。在行政機器當中，職責被分解得七零八落，以至於對一位部長來說，他完全無法發現什麼重要的人物

反對自己。一個由規章、慣例及法令構成的網絡牢牢地箝制部長，使他無法一時衝動，因為他隨時隨地離不開這個網絡，並且他自己對這個網絡不甚瞭解，因而會對它忠心耿耿，根本就不敢對它有絲毫的違背。

為這個法則的真實性提供一個顯著證據的是政府的公務員階層：他們得勢以後，就開始變得目中無人、專橫跋扈，時常還會發出一些威脅，甚至進行罷工。所以，在國家中，行政部門的權力形成一個小範圍的「國中之國」，並且如果任憑其迅速發展下去，用不了多久它就會變成國家中唯一的權力部門。在一個社會主義的政府中，其他任何權力將不復存在。所以，一切革命都將造成同一個結果，即剝奪國王的地位和權力，並且將其賦予那些不負責任的、名不見經傳但卻專制的政府雇員階層。

對於那些可能給我們的未來帶來陰影或衝突的情況，我們不可能有完全的預期，我們應該避免樂觀主義或悲觀主義；我們只能說，這是一種需要，最終它會給各種衝突的事物帶來一種相對的平衡。世界平和地按照自己的意願而運作著，對於我們那些信誓旦旦的慷慨陳詞，它不管不顧。無論早晚，我們都只能想辦法讓自己適應環境的變化。我們面臨的困難是怎樣才可以儘量避免無謂的摩擦，要擺脫那些空想家們的天方夜譚就顯得更加重要了。這些空想家儘管不擁有重新建設世界的力量，但卻總是竭盡全力地想著顛覆世界。

在歷史上，羅馬、雅典、佛羅倫斯及其他許多城市都曾有過輝煌的時刻，但是這些城市最終還是成為這些可怕的理論家的犧牲品。不管在什麼地方，這些理論家都造成同一種後果，那就是衰落、獨裁和無政府狀態。

然而，當代數量眾多的革命家沒有對這些沉痛的教訓給予高度的關注，在他們的野心驅使下的運動最終將會把他們自己吞沒，但是他們卻對此全然不知。這些烏托邦主義者喚醒了群眾心目中依稀尚存的希望，激發群眾內心的欲望，並且嚴重地侵蝕了歷經多個世紀才逐漸建立起來的對群眾構成約束的堤壩。

　　盲目的群眾與小部分精英之間的殊死搏鬥是人類歷史上屢見不鮮的一個事實，歷史一次又一次地證明，一種文明行將結束的顯著特徵就是失去平衡的民眾主權的勝利。精英們忙著進行創造，而平民則一直傾向於破壞；精英們哪天一旦失勢，平民們隨即就會開始其情有獨鍾的工作。

　　一個偉大的文明如果想欣欣向榮，首先就必須對它們所包含的低劣成分進行嚴格控制。一種民主的暴政所造成的獨裁、無政府狀態、侵略及最終失去獨立，不只發生在古希臘時期；個人的暴政往往源於集體的暴政。偉大的羅馬在完成第一輪循環之後，在野蠻人的統治之下，又完成第二輪的循環。

　　在本書中，我們對歷史上的重大革命進行研究，但是我們最關注的是這些革命當中最重要的一次，也就是法國大革命。法國大革命波及整個歐洲，其持續時間長達20年，其影響至今仍然揮之不去。

　　法國大革命對心理學研究來說，是一個取之不盡、用之不竭的文獻資源，也許無論哪個時代在如此之短的時間裡都不可能累積如此豐富的經驗。

　　在各種不同的著作中，我盡力詳細闡述的那些原則，都可以在這場偉大的戲劇中找到數不清的例證，這些原則包括信仰的作用；民族精神

的持久性、大眾心理的短暫性；神秘主義因素、集體因素和情感因素的影響，以及各式各樣的邏輯之間產生的衝突等。

在國民公會執政期間，這種悖論俯拾皆是。絕大多數國民公會的成員都對暴力深惡痛絕；作為具有細膩情感的哲學家，他們大聲疾呼，強烈呼喚自由、平等和博愛，但最終的結果卻是最恐怖的專制。

在督政府統治時期，相同的悖論也曾出現過。剛開始，議會是極為溫和的，但是他們卻採取不間斷的血腥政變來達到自己的目標；議會渴望重建宗教和平，但最終的結果卻使成千上萬的牧師被投入了監獄；議會準備在法蘭西的廢墟上重整河山，但結果仍是事與願違，反而在突然之間增加了大量的廢墟。

所以，在革命時期，由人們所組成的議會行為與人們的個人意志之間存在最基本的衝突。

然而，真實的情況卻是這樣的：投身革命的人經常會感到自己被一種無形力量所控制，這使他們身不由己。雖然這些人堅信自己是依據純粹理性來行事的，但是事實上，他們卻受到神秘主義、情感及集體要素的影響。當然，他們自己對這一點渾然不知，而我們也只是直到今天才開始逐漸理解的。

對人類本性的事實，大革命的始作俑者絕對會心有不甘。在人類的歷史上，這些人首次試圖在理性的名義下對任何社會進行改造。

每一項以此作為使命的事業，我們都能預測到其註定失敗的結局。因為那些宣稱可以改變人性的理論家們，必然會動用一種超過以往任何一位暴君的權力。但是，即使讓他們擁有這種權力，哪怕革命軍隊獲得勝利，即使他們使出了所有的嚴刑酷法，不間斷地進行鎮壓，大革命過

後留給人們的也只是一個連著一個的廢墟，並且最終的結局無一例外地會是一種獨裁統治。

對於教育民眾來說，既然經驗是不可或缺的，這樣一種嘗試將變得沒有任何意義，我們至少可以從中得到一些教訓。關於這一點，如果沒有大革命，恐怕我們很難證明完美的理性不會使人性發生改變，所以說，無論他們擁有什麼樣絕對的權力，也沒有任何一個社會可以按照立法者的意志獲得重建。

由於民主權的原則，改革者們才試圖把他們的教條強加給別人。在領袖的引導之下，民眾對議會的決議進行不斷的干涉，並犯下最殘忍的暴行。

一方面，大革命時期的大眾史具有非同一般的教育意義，它讓我們清楚地看到那些賦予大眾精神以全部美德的政治家們所存在的謬誤。

另一方面，大革命的歷史也向我們說明：一旦一個民族從作為文明根基的社會制約中掙脫出來，並遵從其本能的衝動，它很快就回復到原始的狀態，重現其祖先的野性。可以說，大眾革命取得的每一場勝利都是向野蠻主義的一次暫時回歸。如果1871年的巴黎公社得以維持，它就有可能會讓恐怖的一幕再次上演。由於它沒有充足的力量殺戮數量眾多的人，因此它只好用一場大火將位於首都的異常珍貴的紀念物毀滅殆盡。

一般情況下，各種心理力量被那些用以約束他們的枷鎖所控制，一旦各種心理力量從枷鎖中掙脫出來，就會產生衝突，大革命的爆發所表現的正是這樣一種衝突。雅各賓主義的信仰、大眾的本能、欲望、古代的影響、爆發的熱情，所有這些因素帶來一場災難，即人們陷入一場持

續10年的激烈衝突當中。法蘭西在大革命的這10年裡，屍橫遍野、生靈塗炭，留下的城市也只是一座廢墟。

從長期來看，這好像就是大革命的全部結果。在人類歷史上，法國大革命是舉世無雙的一個事件。所以，只有借助於全面的分析，才可以深刻理解和領會這個偉大革命的實質，將不斷激勵著其主角的動機展現在我們的面前。在一般情況下，理性邏輯、情感邏輯、集體邏輯及神秘主義邏輯等各式各樣的邏輯支配著人們，這些邏輯之間或多或少可以形成一種完美的平衡；但是在大變革期間，這些邏輯之間產生衝突，因此失去平衡的邏輯導致人們變得不再是以前的自己了。

在本書中，對於大革命在爭取民眾權利方面所取得的某些成果的重要性，我們絕對沒有低估。但是，和其他許多歷史學家一樣，我們不得不承認，取得這些成果是需要付出代價的，這就是流血和廢墟；而這些成果本來可以在日後透過文明的自發過程不費吹灰之力地獲得。為了提前幾年獲得這些成果，我們經歷了令人難以想像的物質災難和道德瓦解。時至今日，道德瓦解的後果仍然存在，我們還在默默地承受這個惡果。在人們的記憶當中，將很難抹掉那些載入史冊的殘忍暴行，在今天依然存在。

今天，我們的年輕人不願意停留在表面的思考上，他們更願意採取行動。他們對哲學家們枯燥無趣的學術研究不以為然：那種連物質的本質特徵都沒有搞清楚的空泛思考，又如何能讓他感興趣？

敏於行動是一件再好不過的事，因為所有真正的進步都是行動的結果，但只有在適當、合理的指引下所採取的行動才是有益的。大革命時代的人總是對行動的重要性深信不疑，但他們是在幻想的指引下行動

的，其最終的結果就是犯下災難性的錯誤。

　　一般來說，對事實不屑一顧的行動都是無益的。它聲稱要深刻地改變某一事件的過程，但人們不能把社會當作實驗室中用來進行試驗的儀器，這是不可取的。我們經歷的政治劇變向我們顯示，為這樣的社會錯誤要付出十分慘重的代價。

　　在當前的社會情況下，進行這樣的實驗幾乎沒有一絲好處。空想家們在追逐自己的夢想時，也刺激了群眾的欲望和熱情，每個民族無時無刻不在擴軍備戰。每個人都深刻地認識到：在目前世界範圍的競爭當中，弱小的民族幾乎沒有立足之地。

　　一個可怕的軍事大國正在歐洲的腹地崛起：這個國家正在不斷積蓄力量，並且渴望統治世界，以輸出其商品。這個國家在不久的將來無法養育本國日趨上升的人口，它要為這些人口謀求生存的空間。

　　如果國內的明爭暗鬥、無聊的宗教迫害、政黨紛爭、束縛工業發展的法律等問題一直困擾著我們，必將加重我們的內耗，削弱我們的凝聚力，在不久之後，我們在世界上的優勢地位可能也會失去。那個時候，我們將會被迫讓位於那些有更強凝聚力的民族，他們可以適應自然的必然性（natural necessities）要求，而不是像我們這樣倒行逆施，妄圖逆轉歷史的潮流。今天不是昨天的重複：儘管在歷史發展的過程中充滿諸多無法預期的因素，但其發展的主線卻總是遵循亙古不變的法則。

海鴿文化出版圖書有限公司
Seadove Publishing Company Ltd.

作者	古斯塔夫·勒龐
譯者	王銘啟
美術構成	騾賴耙工作室
封面設計	ivy_design
發行人	羅清維
企劃執行	張緯倫、林義傑
責任行政	陳淑貞

成功講座 400

革命心理學

出版	海鴿文化出版圖書有限公司
出版登記	行政院新聞局局版北市業字第780號
發行部	台北市信義區林口街54-4號1樓
電話	02-2727-3008
傳真	02-2727-0603
E-mail	seadove.book@msa.hinet.net

總經銷	創智文化有限公司
住址	新北市土城區忠承路89號6樓
電話	02-2268-3489
傳真	02-2269-6560
網址	www.booknews.com.tw

香港總經銷	和平圖書有限公司
住址	香港柴灣嘉業街12號百樂門大廈17樓
電話	（852）2804-6687
傳真	（852）2804-6409

CVS總代理	美璟文化有限公司
電話	02-2723-9968
E-mail	net@uth.com.tw

出版日期	2023年11月10日　一版一刷
定價	420元
郵政劃撥	18989626　戶名：海鴿文化出版圖書有限公司

國家圖書館出版品預行編目（CIP）資料

革命心理學 ／ 古斯塔夫·勒龐作 ； 王銘啟譯.
-- 一版. -- 臺北市：海鴿文化，2023.11
面 ； 公分. -- （成功講座；400）
ISBN 978-986-392-507-1（平裝）

1. 群眾心理學　2. 社會心理學　3. 法國大革命

541.773　　　　　　　　　　　　112017119

Seadove

Seadove

Seadove

Seadove